Gudrun Brandstetter

Mein Weg geht weiter – Nach schwerer Krankheit auf dem Jakobsweg

Ein Tagebuch

Meinem geliebten Mann gewidmet.

Bibliografische Information der Deutschen Nationalbibliothek:

Die Deutsche Nationalbibliothek verzeichnet diese Publikation in der Deutschen Nationalbibliografie; detaillierte bibliografische Daten sind im Internet über http://dnb.dnb.de abrufbar.

Impressum:

Lektorat: Veronica Maidl

Copyright © 2014 GRIN & Travel

Ein Imprint der GRIN Verlag GmbH

grin.com

MEIN WEG GEHT WEITER – NACH SCHWERER KRANKHEIT AUF DEM JAKOBSWEG

Die Rucksäcke, Schlafsäcke, Wanderhosen und viele andere Utensilien waren bereits gekauft. Wir hatten auch schon „probegepackt" und festgestellt, dass wir gut unter dem empfohlenen Gewicht von 10% des eigenen Körpergewichtes lagen. Ende Juli sollte es losgehen, mit dem Zug nach Pamplona, einer Stadt in Nordspanien, von dort mit dem Taxi weiter zu dem einsamen Kirchlein „Santa Maria de Eunate". Von dort aus wollten wir nach einer stillen Einkehr mit dem Weg nach Puente la Reina starten. Sechs Wochen hatten wir vor, uns auf den Jakobsweg nach Santiago de Compostela zu begeben, auf den Spuren von vielen, vielen Tausenden von Pilgern. Unsere Anspannung war groß, was uns auf diesem Weg wohl alles erwarten würde.

Doch wie kam es dazu, dass wir, mein Mann Roland und ich, diesen Weg gehen wollten? Eigentlich hatten wir uns schon vor elf Jahren vorgenommen, diese Reise zu wagen. Aber immer kam etwas dazwischen.

Der Auslöser, im Jahr 2013 den Weg wirklich zu gehen, war die schlimmste Zeit, die ich bisher in meinem Leben durchmachen musste: Am 21.11.2011 bekam ich die Diagnose „Brustkrebs" im Alter von 58 Jahren.

Die Diagnose

Im Sommer bemerkte ich eine kleine Delle neben der Brustwarze, wenn ich meine Arme bewegte, z.B. beim Händewaschen. Ansonsten zeigte die Brust keinerlei Anzeichen für diese schlimme Erkrankung. Komischerweise sprach ich schon einige Zeit vorher zwei Ärzte und einen Heilpraktiker auf meine Brust an. Der eine Arzt ist ein recht bekannter Kinesiologe, der mir nach einigen Tests mit großer Überzeugung mitteilte, dass ich keine Veranlagung zu Brustkrebs hätte. Der zweite Arzt, ein äußerst guter Facharzt für Traditionelle Chinesische Medizin (TCM) hörte ebenfalls auf meine Frage in den Pulsen nichts Beunruhigendes in meinem Körper. Der dritte im Bunde, ein

Heilpraktiker, der sehr bekannt für seine gute Augendiagnose ist, teilte mir nach einem tiefen Blick in meine Augen mit, dass er absolut nichts sehen könne. Bei allen drei Untersuchungen muss der Krebs schon da gewesen sein, so groß wie er bei der Diagnose bereits war. Nach diesen beruhigenden Aussagen sah ich die hin und wieder erscheinende „Delle" als so etwas wie „Orangenhaut" an. Dann bekam ich im Oktober 2011 einen blauen Fleck auf der linken Brust und Schmerzen in der Achselhöhle. Der Arzt, der TCM praktiziert, meinte, es sei schon möglich, dass in einer nicht zu kleinen Brust schon mal ein Äderchen platzt. Die Schmerzen vergingen wieder.

Anfang November erzählte mir meine Patentante, die damals 85 Jahre alt war, dass sie wahrscheinlich Brustkrebs habe. Auf meine Frage, wie sie das bemerkt habe, antwortete sie mir, dass es kein Knoten war, sondern eher so etwas wie eine „Schwellung". Mir wurde heiß und kalt! Ich ging noch einmal zum Augendiagnostiker. Er teilte mir nach der Untersuchung wieder mit, dass im Auge nichts zu sehen sei, drängte jetzt aber doch darauf, dass ich zum Gynäkologen gehen solle, was ich am Montag darauf tat.

Es war ein sehr großer Befund mit fast fünf mal drei Zentimetern und schon befallenen Lymphknoten. Nun folgte die härteste Zeit in meinem Leben. Im ersten Augenblick dachte ich, dass ein solch großer Befall nicht zu überleben sei. Doch zum Glück bekam ich auf meine Frage: „Habe ich überhaupt noch eine Chance?" ein klares „selbstverständlich" vom Arzt zurück. Trotzdem brach unter mir der Boden weg. Ich nahm meine ganze Kraft zusammen, um unfallfrei mit dem Auto nach Hause zu fahren. Mein Mann, Roland, war am Morgen dieses Tages zu einer Dienstreise nach Hannover aufgebrochen. Als er dann am späten Nachmittag nichtsahnend bei mir anrief, bekam er von mir nur zu hören: „Bitte fahre mit dem nächsten Zug wieder nach Hause, ich habe wahrscheinlich Brustkrebs." Roland trat sofort die Heimreise an und war gegen elf Uhr nachts wieder zurück. Von diesem Augenblick an blieb er an meiner Seite wie ein Fels in der Brandung. Ohne ihn hätte ich das alles nicht so gut durchgestanden. Auch kümmerten sich meine Tochter Catrin und ihr Mann Markus um mich. Die beiden waren, so wie es ihre Zeit erlaubte, für mich da und lenkten mich oftmals mit Spieleabenden von meinen trüben Gedanken ab.

Nun ging es Schlag auf Schlag. Dienstagmorgen Mammographie, Diagnose „leider Mammakarzinom linke Brust bei 1.00 Uhr". Ich war wie betäubt. Hatte ich Metastasen im Körper? Die Sonographie für den Oberbauch sollte ich erst eine Woche später bekommen. Nach einer zum großen Teil durchwachten Nacht weckte ich meinen Mann auf und bat ihn, dass wir einfach um 8.00 Uhr zur Radiologie fahren, damit ich gleich dran komme. Die Damen am Empfang des Radiologischen Zentrums München-Pasing waren sehr nett und machten die sofortige Untersuchung möglich. Als die Ärztin mir mitteilte, dass der Oberbauch frei von Metastasen ist, fiel ich ihr erst einmal um den Hals. Sie sah mich mitfühlend an und meinte, ich hätte nun ein schweres halbes Jahr vor mir, aber ich würde es schaffen. Danach wurde noch die Röntgenaufnahme der Lunge gemacht, das Ergebnis ebenfalls negativ. Ich weinte vor Glück. Das war der Mittwoch.

Am Donnerstag war die Biopsie an der Reihe, das Ergebnis sollte am Dienstag danach fertig sein. Montags wurde das Szintigramm des Knochengerüstes durchgeführt. Und wieder hatte ich Glück. Außer „altersbedingten Abnutzungserscheinungen" kein weiterer Befund. Ich fühlte mich beinahe wieder gesund.

Das Ergebnis der Biopsie hieß „G 3, herr2-negativ, hormonbedingtes lobuläres Karzinom". Auch das ließ mich wieder etwas aufatmen, wusste ich doch von früher, dass die hormonbedingten Tumoren im Allgemeinen etwas weniger aggressiv sind als die anderen. Heute sind aber auch die herr2-positiven Tumoren sehr gut behandelbar.

Manchmal sprechen diese Tumoren sogar besser auf die Chemotherapie an als die hormonbedingten.

Was mir bis dahin sehr geholfen hatte, war der Kontakt mit der Leiterin einer Selbsthilfegruppe für Brustkrebs: die „mamazonen". Diese Ansprechpartnerin, selbst an Brustkrebs erkrankt, unterhielt sich eine volle halbe Stunde erst mit mir und dann noch eine ganze Stunde mit meinem Mann, da ich anfangs nicht in der Lage war, so intensiv über das Thema „Brustkrebs" zu sprechen. Eine meiner vier Schwestern, Medizinredakteurin und spezialisiert auf Krebserkrankungen, hatte mich zu dieser Selbsthilfegruppe gebracht und auch sonst mit Tatsachen versorgt, die mir sehr viel Mut machten.

Jetzt stand zur Wahl: „Was tun?" Und vor allem „Wo?"

Der Frauenarzt, bei dem ich war, operierte selbst Brustkrebspatientinnen und hatte auch Markus' Mutter, die ein paar Jahre vorher ebenfalls diese Diagnose bekommen hatte, operiert. Eine meiner Qigong-Schülerinnen meinte, mich zu einem recht bekannten Spezialisten bringen zu können, was allerdings fehlschlug, da ich keine Privatpatientin bin. Ich wollte von Anfang an in das Krankenhaus des Dritten Ordens in München. Irgendwie hatte ich dort ein gutes Gefühl. Und das trog mich auch nicht. Im dortigen Brustzentrum untersuchte mich als erstes der Leiter, Herr Oberarzt Dr. O. und erfreute mich sofort mit der Aussage, dass er von einer kompletten Heilung ausgehe.

Er zeigte mir zunächst die Möglichkeiten auf: Bei der enormen Größe meines Befundes wäre bei einer sofortigen Operation keine Brusterhaltung möglich gewesen. Er schlug mir deshalb vor, mich neoadjuvant, das heißt vor einer Operation, mit Chemotherapie zu behandeln. Das hätte auch den Vorteil, dass man am Haupttumor in der Brust und an den pathologisch vergrößerten Lymphknoten sehen könne, ob diese Form der Chemo, die ich bekommen sollte, auf meine Krebserkrankung einwirkt. Im Anschluss an acht Chemotherapien sollte die Operation erfolgen und nach der Wundheilung, ungefähr vier bis sechs Wochen nach der Operation, noch fünf bis sieben Wochen Bestrahlung. Danach eine Langzeittherapie über ca. fünf Jahre mit Aromatasehemmern.

Ich stimmte der Variante der neoadjuvanten Behandlung zu. Somit musste ich mich damit auseinandersetzen, den Tumor noch ungefähr ein halbes Jahr mit mir „herumzutragen". Komischerweise machte mir das gar nichts aus. Ich war immer der Meinung gewesen, wenn ich mal Krebs bekommen würde, müsste ich mich sofort durch Operation davon befreien. Keinen Tag konnte ich mir vorstellen, wissentlich mit einem bösartigen Tumor in mir zu leben. Und jetzt funktionierte das auf einmal.

Und so wurde ich für drei Tage stationär aufgenommen, um den Port eingesetzt zu bekommen und die erste Chemotherapie unter Aufsicht zu erhalten. Der Port ist ein Gefäßzugang, um über längere Zeiträume hinweg Arzneimittel, in meinem Fall die Chemotherapie, direkt dem Gefäßsystem zuführen zu können.

Die Behandlungszeit

Während und direkt nach der ersten Chemotherapie fühlte ich mich gut und dachte, dass das so bleiben würde. Drei Tage danach bekam ich üble Nebenwirkungen und stellte fest, dass der Weg durch diese Form der Behandlung das Schwerste war, das ich jemals durchgemacht hatte. Ich bekam die sogenannte zweizyklische Chemotherapie, die in Fachkreisen als äußerst wirksam beschrieben wird. Anfangs tröstete ich mich noch damit, dass die erste Form wohl schwerer zu verkraften sei als die zweite Form. Doch ich wurde eines besseren belehrt. Auch die zweite Form bereitete mir üble Missbefindlichkeiten, die mich an den Rand dessen brachten, was ich glaubte, ertragen zu können. Ich fühlte mich nicht mehr mit meinem Körper verbunden, er roch anders und wurde mir fremd. Es war mir übel, ich konnte weder essen noch trinken. Mein Darm reagierte erst mit

Verstopfung, dann mit Durchfall. Der Blutdruck sprang rauf und runter, der Puls ging im Liegen bis auf einhundertzwanzig Schläge hoch. Sodbrennen und ein merkwürdiges Schweregefühl in der Magengegend verhinderten die normale Nahrungsaufnahme und das Trinken über einige Tage. Nur mit großer Mühe konnte ich geringe Flüssigkeitsmengen und Essen zu mir nehmen. Ich kochte mir häufig Pfannkuchensuppe, die ich am besten vertrug und essen konnte. Mein Wissen über Qigong half mir in dieser Zeit sehr. Ich hielt mir bei Übelkeit häufig den sogenannten „Magenpunkt 36", das ist ein Akupunkturpunkt seitlich unterhalb des Knies. Leichte energiestärkende Übungen, wie „Wecke das Qi" taten mir sehr gut, wie auch eine spezielle nierenstärkende Form des Gehens, das sogenannte „XiXiHo-Gehen".

Beim ersten Zyklus der Taxane, also meiner fünften Chemotherapie, landete ich per Sanitätswagen in der Notaufnahme der Klinik. Ich hatte Doppelbilder, wohl wegen der geringen Flüssigkeitsmenge, die ich zu mir nahm. Ich habe durch eine frühere schwere Kieferhöhlenoperation keinen knöchernen Orbitaboden mehr unter dem rechten Auge, so dass sich durch das Austrocknen der Schleimhäute die Lage des Auges veränderte. Nach einer größeren Gabe von NaCl (Salzwasser per Infusion) regelte sich das zum Glück wieder. Ich bat darum, die Menge der Taxane zu verringern. Diesem Wunsch wurde entsprochen, so dass ich nur noch 80% der ursprünglich vorgesehenen Menge bekam. Es ging besser, aber es blieb heftig. Viele Tränen und noch mehr Hadern begleitete die Zeit der Nebenwirkungen. Eineinhalb Wochen ging es mir schlecht, eineinhalb Wochen ging es mir einigermaßen gut. In dieser Zeit des „Gutgehens" hielt ich sogar einen regelmäßigen Qigong-Kurs bei der AOK in München ab, zwei Wochen Kurs, eine Woche Bett abwechselnd. Auch bei unserer Qigong-Ausbildungsgruppe fehlte ich kein einziges Mal.

Trotz aller Schwierigkeiten ging ich immer wieder gut gelaunt in die Onkologie, um die nächste Chemo zu erhalten. Denn das menschliche Klima dort war äußerst angenehm. Schwester Monika blieb immer ruhig und fröhlich, trotz allem Stress. Auch die Ärztin, die mich betreute, baute mich jedes Mal auf und machte mir Mut.

Die Zeit raste dahin, so dass ich kaum zum Nachdenken kam. Schon ein dreiviertel Jahr später fiel es mir schwer, mich wieder richtig zurückzuerinnern. Man vergisst zum Glück schnell, und ich hatte die Chance, wieder ganz gesund zu werden. Mir war zu Ohren gekommen, dass einige Frauen, die die harte Behandlungsschiene aus Angst abgelehnt hatten, Knochenmetastasen bekamen und manche sogar starben. Mit einer dieser Frauen war ich gut bekannt, sie lebt leider auch nicht mehr. Lohnt sich das? Dann doch lieber eine harte Zeit der Chemo und danach geht es wieder weiter. Ich kann und möchte allen Frauen, die dieses Schicksal trifft, Mut machen, diesen Weg einzuschlagen. Ich durfte in der ganzen Zeit im Brustzentrum und der Onkologie des Dritten Orden in München beste Erfahrungen mit der Kompetenz und Menschlichkeit aller in diesem Haus Tätigen machen.

Trotz Chemotherapie belief sich die Größe des Tumors bei der Operation noch auf ca. drei Zentimeter. Vor allem aber erschreckte mich, dass die Lymphknoten, die bildgebend inzwischen gutartig und klein zu sein schienen, doch noch bösartig waren. Zum Glück hatte ich in Herrn Professor G. einen ausgezeichneten Operateur. Er ist ein Plastischer Chirurg, der sich auf „onkologische Frauen" mit großen Befunden spezialisiert hat. Beherzt entfernte er auch noch die ersten zwei Segmente Lymphknoten, obwohl der Wächterlymphknoten gutartig war. Er war irritiert dadurch, dass dieser innerhalb der Brust lag und es keine weiteren gab. Deshalb sein radikales Verfahren, da er wusste, dass ich nach allem, was ich bis dahin durchgemacht hatte, kein Risiko wollte.

17

Nun folgte die Bestrahlungszeit, 33 Einheiten. Ich wurde wegen des Krebsbefalls der Lymphknoten im Brustbereich großräumig bestrahlt.

Auch in dieser Praxis traf ich auf ein ausschließlich sehr kompetentes Fachpersonal und vor allem auf eine sehr zugewandte Ärztin, wie schon im Brustzentrum des Dritten Ordens in München. Ihnen allen möchte ich von ganzem Herzen für die wunderbare Betreuung während dieser schlimmen Zeit danken!

Die Bestrahlungen verliefen problemlos. Nach den Behandlungen ging ich durch unseren schönen Nymphenburger Schlosspark zu Fuß nach Hause und übte im Freien Qigong. Das tat mir sehr gut – und ich blieb fit. Trotz der 33 Termine erlitt ich keinerlei Verbrennungen. Auch von dem Fatique-Syndrom (Müdigkeits-Syndrom), unter dem viele Frauen durch die Bestrahlung leiden, blieb ich verschont. Die Ärztin aus der Strahlentherapie-Praxis begleitete mich mit ihrem wunderbaren Humor und viel Zuversicht durch diese Zeit, die zwar im Gegensatz zu allem Anderen von der Anwendung her eher angenehm war, doch das Gefühl, dass Strahlen in den Körper eindringen, verunsicherte mich schon.

Im Mai 2012, zwischen der Chemotherapie und der Operation am 1. Juni, fuhr ich mit meinem Mann in unser Lieblingshotel, das Biohotel „Daberer" in St. Daniel/Westkärnten www.biohotel-daberer.at. Diese Zeit tat mir unendlich gut. Die Hotelleitung und alle Mitarbeiter gingen auf sämtliche meiner Wünsche ein und bescherten mir somit zwei beinahe unbeschwerte Wochen. Denn meine Ernährung war in dieser Zeit recht schwierig, da ich kaum noch Geschmack im Mund hatte, manchmal allerdings sogar einen sehr schlechten bei bestimmten Nahrungsmitteln. Auf alles – und auf das Einheizen der Sauna nur für mich – ging das Personal wie selbstverständlich ein. Herzlichen Dank, Familie Daberer und Mitarbeiter!

Nach Abschluss der Bestrahlungen durfte ich in die Anschlussheilbehandlung. Ich entschied mich dafür, eine anthroposophische Klinik
in der Nähe von Paderborn, „Schloss Hamborn", aufzusuchen, da ich
mich sehr gerne mit natürlichen Mitteln wieder aufbauen lassen
wollte. Vor allem wollte ich Iscador, ein Mistelpräparat der Anthro-
posophen, kennenlernen. Es war eine wirklich gute Entscheidung.
Ich fühlte mich in Schloss Hamborn sehr wohl. Ich liebe es schon
seit langem, mich biologisch und vegetarisch zu ernähren, und genau
das war dort Usus. Jeden Abend zog ich los, um mir frische Himbee-
ren von einem Demeter Fruchthof für mein Frühstück zu besorgen.
Außerdem genoss ich die Natur ausgiebig durch einen täglichen
Marsch mit meinen Nordic-Walking-Stöcken.

Ich fühlte mich schon da wieder sehr fit und bereit, den Jakobsweg
zu gehen. Es zog mich schier dorthin. Immer wieder las ich alle
Bücher, die ich nur finden konnte, um mich auf den Weg vorzuberei-
ten. Mit den Erzählenden der Bücher pilgerte ich richtig mit. So war
ich traurig, dass ich noch ein ganzes Jahr warten musste, um meinen
langersehnten Traum wahrzumachen. Denn ich träumte in den Näch-
ten wirklich schon vom Jakobsweg, wohl angeregt durch die viele
Literatur, die ich mir einverleibte.

Einen Aussendungsgottesdienst für diesen Weg machten mein Mann
und ich bereits im April 2012 in der Kirche des Angerklosters in
München mit. Zu diesem Anlass erhielten wir unsere Pilgerausweise.
Danach machten wir uns testweise auf den Weg von München nach
Schäftlarn, den ersten Teil des Münchner Jakobsweges. Ich stand zu
diesem Zeitpunkt kurz vor meiner letzten Chemotherapie. Der Weg
war 24 km lang bis Ebenhausen, der S-Bahn-Station, von der aus wir
wieder nach München zurückfuhren. Nach 15 km war für mich eigentlich die Grenze erreicht. Doch ich musste weiter, denn wir waren
mitten im Wald, und es gab keine Möglichkeit, früher zu einer S-
Bahn zu gelangen. Am Abend hatte ich Schüttelfrost und Schmerzen
im ganzen Körper. Zum Glück rief meine Tochter Catrin an und lud

uns zu einem Spiele-Abend ein. Da konnte ich nicht nein sagen und quälte mich hoch. Kurz danach waren der Schüttelfrost und die Schmerzen wieder verschwunden. Der Leiter des Brustzentrums, Herr Dr. O., bekräftigte mich darin, dass es sehr gut sei, mich zu fordern.

Eigentlich wollte ich – als spirituell interessierter Mensch – die Dauer der intensiven Behandlung für mein inneres Wachstum nutzen. Welch hohe Erwartung! Heute bin ich froh, die Zeit einigermaßen überstanden zu haben. Es verwundert einen doch, wie viel ein Körper aushalten kann. Ich bin sehr dankbar, dass der schulmedizinische Weg heute so ausgereift ist, dass die Überlebensrate von früher 20% der erkrankten Frauen auf heute über 80% angestiegen ist.

Es half mir auch sehr, dass viele meiner Qigong-Schülerinnen und -Schüler mir zur Seite standen. Gerade hatten wir unsere erste Qigong-Kursleiter-Ausbildung begonnen, und schon musste ich meinem Schülerkreis sagen, dass ich Brustkrebs hatte. Die Anteilnahme war groß. So haben einige für mich gebetet. Eine ältere Schülerin, Maria, die selbst an Multipler Sklerose leidet, zündete jeden Tag eine Kerze für mich an. Besonders berührte mich, dass ein Muslim, der Ehemann einer Ausbildungsschülerin, mich in sein tägliches Gebet eingeschlossen hatte. Auch bat er seinen Vater, der nach Mekka zu einer Pilgerreise aufgebrochen war, mein Anliegen, gesund werden zu wollen, dorthin mitzunehmen. Die gesamte Pilgergruppe des Vaters betete in Mekka für mich. Es war ein schönes Gefühl, sowohl im christlichen als auch im islamischen Glauben getragen zu sein.

Die gesamte Zeit von der Diagnosestellung bis zum Abschluss der Behandlungen dauerte fast auf die Stunde genau 40 Wochen.

Am 19. April 2013 war ich bei der ersten Mammographie seit der Diagnose. Es war ein schwerer Gang für mich. Ich merkte deutlich, dass ich das Ganze noch nicht verarbeitet hatte. Wie auch! Die Erlösung kam, als der Arzt mir sagte, es sei alles in Ordnung. Am 23.

April folgte die Sonographie des Bauchraumes. Auch hier war alles ohne Befund! Ich hätte weinen können vor Freude und großer Dankbarkeit. Roland, der mich begleitete, war ebenfalls sehr erleichtert. Nun stand dem Jakobsweg nichts mehr im Wege. Irgendwie habe ich seit dieser Nachsorgeuntersuchung das Gefühl, wieder ganz gesund zu sein. Hoffentlich stimmt mein Gefühl.

Fast täglich ging ich mit meinen Stöcken in den Park und trainierte für diesen Pilgerweg. Auch fuhren wir nochmal für 9 Tage in unser Lieblingshotel „der daberer" nach Kärnten, wo wir weiter für den Weg trainierten. Es fiel mir erst hinterher auf, dass wir genau an dem Tag in Urlaub fuhren, als ich genauso alt wurde wie meine Omi – die Mutter meines Vaters – als sie starb.

Omi hatte mit 58 Jahren ebenfalls die Diagnose Brustkrebs bekommen. Sie starb am 17. Juni 1955, als ich noch nicht ganz zwei Jahre alt war. Merkwürdigerweise habe ich von klein an mit viel trauriger Liebe an Omi gedacht, obwohl ich sie nie bewusst kennengelernt hatte. Das Volkslied „Im schönsten Wiesengrunde" war, seit ich es kannte, in meinem Gefühl mit ihr verbunden – warum auch immer, ich weiß es nicht. Heute habe ich das tiefe Gefühl, dass Omi mich durch diese Zeit von einer anderen Ebene aus begleitet hat und noch immer begleitet.

Meine Mutter bekam mit fast 57 Jahren Darmkrebs. Sie ließ sich operieren und war anschließend gerne dem Ausspruch eines Arztes gefolgt, sie könne den Krebs jetzt vergessen, die Darmenden des entnommenen Darmteiles seien krebsfrei gewesen. Ein anderer Arzt machte sie dagegen wohl auf die Gefahr aufmerksam und empfahl ihr regelmäßige Kontrollen. Aber sie wollte es wohl einfach vergessen können – was ich heute sehr gut verstehen kann! Im Oktober 1983 bemerkte Mutti wieder etwas im Darm. Sie ging zur Untersuchung und musste sich ab da mit der niederschmetternden Aussicht abfinden, dass sie laut untersuchendem Arzt höchstens noch zwei Monate zu leben habe.

Mein Vater beschäftigte sich daraufhin mit Möglichkeiten der alternativen Behandlung und stieß dabei auf Iscador, ein Mistelpräparat. Ich recherchierte ebenfalls und erfuhr von der Arlesheimer Lukasklinik der Anthroposphen. Mutti konnte im November noch in dieser Klinik aufgenommen werden. Am 19. Juni 1984, 11 Tage nach ihrem 60. Geburtstag, starb sie dann leider. Für meinen Vater war das eine sehr schwere Zeit, da er sich ein Leben so ganz alleine kaum vorstellen konnte. Zum Glück fand er wieder eine Frau, die er eineinhalb Jahre nach dem Tod meiner Mutter heiratete. Allerdings war diese Ehe nur noch von relativ kurzer Dauer, denn im November 1994 verstarb mein Vater an den vielen Metastasen, die er durch eine Hautkrebserkrankung bekam. Auch mein Großvater mütterlicherseits ist an Darmkrebs verstorben, gerade einmal fünf Jahre vor meiner Mutter.

Nun stellte sich die Frage, ob sich die Krebsdiagnosen in unserer Geschwister-Generation fortsetzen würden. Meine vier älteren Geschwister durften jedoch alle den 60. Geburtstag bei guter Gesundheit erleben. Meine jüngste Schwester bekam allerdings im Alter von 52 Jahren einen Schlaganfall, der zum Glück recht gut ausging. Als ich meine Diagnose bekam, war sie es, die mir immer wieder Mut zusprach und in engem Kontakt zu mir stand. Leider hat sie den guten Kontakt zu mir wieder abgebrochen, als ich „gesund" war.

Was war das für eine „Gesundheit", die ich wiedererlangt hatte? Ich war gebeutelt durch alles, was ich in diesen 40 Wochen durchgemacht hatte. Eingespannt in ein engmaschiges System während dieser Zeit war ich kaum zum Nachdenken gekommen. Aber danach begannen die seelischen Kapriolen. Ich war froh, dass ich schon vorher mit einer tiefenpsychologischen Therapie begonnen hatte, die ich zur Krankheitsbewältigung einer im Juni 2010 aufgetretenen cerebralen Dystonie antrat. Diese Therapie hatte mir schon bei der Diagnosestellung des Brustkrebses sehr geholfen. Im Nachhinein erwies sie sich als essentiell. Obwohl wir wenig über die

Krebserkrankung sprachen, war Herr Dr. Mestekemper eine riesengroße Hilfe für meine seelischen Achterbahnfahrten. Manchmal ging
es mir tagelang wunderbar und dann kamen die Abstürze in tiefe
Löcher.

Ich hatte vor 25 Jahren schon einmal unter heftigen Panikattacken
gelitten, die ich verabschieden konnte, indem ich lernte, diese Panik
zu akzeptieren und einzuladen. Das war damals, als müsste ich lernen, den Tod anzunehmen, was mir fünf heftige Jahre bescherte.
Aber dadurch konnte ich ohne Psychopharmaka diese schwere
Krankheit zur Heilung bringen. Diese Bewältigungsstrategien des
Annehmens konnte ich nun wieder gut gebrauchen. Insofern waren
die Löcher schlimm, aber erträglich. Und ab der ersten Nachsorge
war ich richtig entspannt. Ich hatte direkt danach einen Traum, in
dem ich die Krankheit zu verabschieden hatte. Es war ein interessanter Traum, da ich Trauer über den Abschied verspürte. Der Grund
war der, dass nun alles wieder „wie vorher" sein würde. Doch noch
im Traum merkte ich, dass natürlich nichts mehr wie vorher war.
Und so wich die Trauer über die Verabschiedung der Krankheit
einem wonnigen Gefühl, dass ich in dieser Zeit viele Erfahrungen
sammeln durfte, die mein Leben jetzt sinnvoll begleiten.

Auch mein Aussehen ist anders geworden. Ganz davon abgesehen,
dass ich nun mit Begeisterung eine Kurzhaarfrisur trage, die ich mir
früher nie hätte schneiden lassen, ist mein Gesicht durchscheinender
geworden, und ich mag nichts mehr an Schminke oder Make-up
auftragen. Ganz „nackt" fühle ich mich nun echt. Nur einen Schmuck
habe ich reaktiviert: Ich habe meine bereits zugewachsenen Ohrlö-
cher wieder aufstechen lassen und besitze inzwischen eine bunte
Sammlung an Ohrringen – vorwiegend von meiner Tochter Catrin –
und einen selbstgemachten von meiner künstlerisch begabten
Schwester Siegrit. Und trotz allem begleitet mich die Krankheit
immer. Wahrscheinlich spreche ich vielen betroffenen Frauen aus

der Seele, wenn ich sage, dass die Angst vor den regelmäßigen Untersuchungen eine treue Begleiterin geworden ist.

Einiges habe ich nach meiner Genesung in meinem Leben geändert: regelmäßiges Trockenbürsten am Morgen, mehr sportliche Betätigung als vorher. Und seit dem Frühjahr 2013 nehme ich wieder Ballettstunden bei einem sehr guten Ballettlehrer, Klaus Kerber, der auch unser Qigong-Ausbildungsschüler geworden ist. Und ich lege noch mehr Wert auf gesunde Ernährung als vor der Erkrankung.

Die Vorbereitungszeit auf den Jakobsweg

Mit Begeisterung stürzte ich mich nun in die intensive Zeit der Vorbereitung auf den Jakobsweg. Hierfür waren wir in einem sehr guten Geschäft in München, bei „Globetrotter". Dort gibt es alles unter einem Dach. Wir wurden ausnehmend gut beraten. Man kann die Rucksäcke mit dem entsprechenden Gewicht beladen aufsetzen und spüren, mit welchem man sich wohl fühlt. Das Fachpersonal im Verkauf stellt den gewünschten Rucksack gleich auf die Person ein, die ihn kauft. Vor allem haben die Fachverkäufer einen guten Blick dafür, welchen Rucksack sie einem Käufer entsprechend seiner Statur anbieten können und auf was man achten sollte.

Zusätzlich wurde ich auf den Pilgerverein Paderborn aufmerksam, www.jakobusfreunde-paderborn.eu. Mit der Vize-Präsidentin, Frau Gesine de Castro, telefonierte ich ein paar Monate vor unserem Wanderbeginn fast eine Stunde lang. Sie schickte mir daraufhin viel Informationsmaterial, vor allem ein sogenanntes „Gelbes Heft", in dem alle bekannten Unterkünfte mit kurzen Beschreibungen aufgeführt waren. Außerdem machte sie sich die Mühe, mir einige spanische Worte aufzuschreiben, die ich persönlich benötigte, z.B. weil ich Vegetarierin bin.

Weiterhin las ich wie ein Weltmeister Bücher über den Jakobsweg, Erfahrungsberichte genauso wie Wegbeschreibungen. Ich glaube, es gibt kein Buch über diesen Weg, das ich nicht gelesen habe. Meine Qigong-Schülerinnen und -Schüler schenkten mir einen großen Bildband über diesen Weg, an dem ich mich heute noch bei jedem Durchblättern erfreue.

Der Tag der Abreise rückte während unserer Vorbereitungen immer näher. Zu guter Letzt kauften wir die Fahrkarten für den Zug und packten unsere Rucksäcke. Hier meine Packliste:

Kleidung:

4 Unterhosen, 2 Unterhemden, 2 T-Shirts, 2 Hosen, 2 Paar Socken, Schuhe/Sandalen, Flip-Flops, Hut/Tuch, Fleece-Jacke, Regencape, Nachtgewand

2 Mini-Handtücher (Microfaser), 1 leichter Schlafsack, 1 einfaches Leintuch oder Hüttenschlafsack

Sachmittel:

Taschenmesser, Taschenlampe, Geldbeutel, EC-Karte, Ausweis, Krankenversicherungskarte, Handy, Wanderstöcke, Wäscheklammern, Trinkflaschen, Waschpaste, Feuerzeug, Wörterbuch, Reiseführer, Notizheft, Kugelschreiber, Pilgerpass, Fahrkarten, Geld, Kamera, Wecker

Körperpflege:

Duschmittel, Seife, Haarbürste/Kamm, Zahnbürste, Zahnpasta, Nagelzwicker, Hautcreme, Sonnenschutzmittel, Papiertaschentücher

Medizin:

Wundheilsalbe, Desinfektionsmittel, Pflaster, Blasenpflaster, Fußbalsam, homöopathische Reiseapotheke, evtl. Hirschhorntalg

Essbares:

Müsliriegel, Nüsse

Die Fahrt nach Pamplona würde einen Tag dauern, mit einer kurzen Nachtruhe in Paris, so dass wir am 26. Juli um 17.30 Uhr dort ankommen würden. Geplant war eine Übernachtung dort in der Pilgerherberge „Paderborn", um uns dann am nächsten Tag mit dem Taxi nach „Santa Maria de Eunate" fahren zu lassen. Es soll eine der schönsten Kirchen in dieser Gegend sein, die aber nicht direkt am

Jakobsweg liegt. Von dort aus würde es nicht mehr weit sein nach Puente la Reina. Diesen Weg wollten wir als Einstieg nehmen, um dann am Sonntag, dem 28. Juli 2013, den langen Weg von 750 km zu beginnen.

Noch fuhren meine Gefühle Achterbahn. Immer wieder kam die Angst, es könnte bis dahin etwas auftreten, was mir den Jakobsweg unmöglich machen würde. Es standen noch zwei Untersuchungstermine an, einer bei der Frauenärztin und einer in der Onkologie.

Eigentlich fühlte ich mich gesund, aber die Unsicherheit über meinen Gesundheitszustand würde und wird mich sicherlich weiterhin begleiten. Der Schock war zu groß. Es war wie ein Trauma, das eine Form von Posttraumatischer Belastungsstörung (PTBS) nach sich zieht. Diesen Gefühlen musste und muss ich mich immer wieder stellen und trotzdem die Zuversicht nicht verlieren.

Die große Reise nach Santiago de Compostela

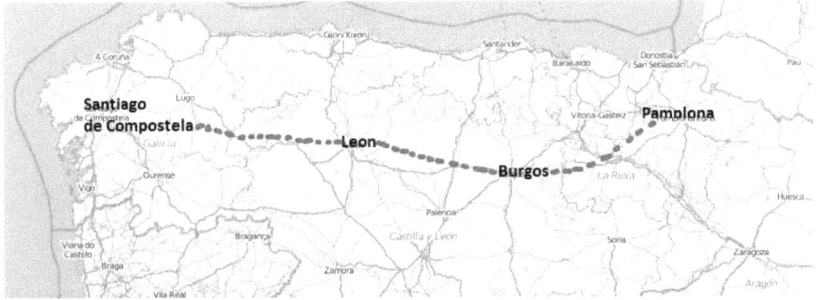

Unsere Route nach Santiago de Compostela. © OpenStreetMap.org
contributors

25. Juli 2013 Donnerstag: Pasing – Montparnasse

Es war sehr windig, aber schön, als wir Abschied von zu Hause
nahmen. Wir fuhren mit der S-Bahn nach Pasing. Von dort aus ging
es weiter mit dem Zug nach Stuttgart, dann mit dem TGV nach Paris
Est. Wir ließen uns mit dem Taxi zum Hotel „Innova", in der Nähe
des Bahnhofes Montparnasse bringen. Das Hotel war sauber, das
Zimmer klein, aber für die kurze Nacht ausreichend.

Aufbruch am Pasinger Bahnhof

26. Juli 2013 Freitag: Montparnasse – Pamplona

Um 7.00 Uhr morgens gingen wir bei strömendem Regen zum Bahnhof Montparnasse, nur ca. 10 Minuten von unserem Hotel entfernt. Dort versorgten wir uns mit Croissants und Kaffee, um im Zug zu frühstücken. Wir hätten uns auch noch etwas für das Mittagessen mitnehmen sollen, denn im Zug gestaltete es sich um die Mittagszeit recht schwierig und teuer, etwas Vegetarisches zu essen zu finden. In Poitiers hatten wir einen „Zwangsaufenthalt" von ca. 1 ½ Stunden, die Lok war defekt. Für uns war das nicht schlimm, da wir sowieso in Irun über zwei Stunden Aufenthalt haben würden, bis der Zug nach Pamplona weiterführe. In Hendaye, der Grenzstadt in Frankreich, mussten wir den Zug jedoch verlassen, weil er nicht mehr weiter nach Irun in Spanien fuhr. Der Grund wurde uns nicht genannt.

Wir stiegen in einen Bus um, der uns über die Grenze nach Irun brachte. Dort hatten wir ausreichend Zeit, uns zu orientieren. Das war auch gut so, denn am Bahnsteig war alles abgesperrt. Wir wurden durch eine „Menschenschleuse" geleitet. Dort kontrollierten zwei Bahnangestellte unser Ticket. Erst dann durften wir den Bahnsteig und den Zug betreten. Der Zug war stark klimatisiert und dadurch eiskalt, so dass wir unsere Fleece-Jacken anziehen mussten. Die anschließende Fahrt durch die Pyrenäen war wunderschön! Eine herrliche Berglandschaft breitete sich neben uns aus.

Bei der Ankunft in Pamplona um 17.30 Uhr nahmen wir ein Taxi und nannten dem Fahrer die Adresse der Casa Paderborn. Entweder hatte er uns nicht richtig verstanden oder er wollte es nicht. Jedenfalls brachte er uns zum Zubringerbusbahnhof für den Flughafen. Anscheinend sahen wir mit unseren Rucksäcken und Sonnenhüten nach Sommerfrischlern aus. Es dauerte ein bisschen, bis wir ihm klarmachen konnten, wo wir wirklich hin wollten. Endlich erreichten wir, nach einer etwa halbstündigen Irrfahrt durch Pamplona, unser Ziel, die Casa Paderborn.

Die Hospitalera, die „Herbergsmütter", in der Casa Paderborn waren so nett und reservierten uns zwei Betten, denn normalerweise sind die Herbergen abends bereits vollständig belegt. Die beiden, Ysabel und ihre Schwester, empfingen uns sehr freundlich. Wir bekamen zwei Betten in einem Vierbettzimmer, zusammen mit zwei Bulgarinnen. Obwohl es ein fürchterlich heißer Tag war, schauten wir uns noch das Stadtzentrum von Pamplona an, das lustigerweise durch einen Fahrstuhl im Freien erreichbar ist, da die Stadt auf zwei Ebenen errichtet wurde. Wir mussten also den Berg nicht zu Fuß besteigen.

Die Nacht war nicht gut, denn die Hitze blieb trotz offenem Fenster hartnäckig im Zimmer. Wir schliefen unruhig – sicherlich auch, weil am nächsten Morgen unsere große Pilgerreise begann …

27. Juli 2013 Samstag: Pamplona – Cirauqui

Mit dem Taxi ließen wir uns nach Muruzabal bringen, denn wir wollten die Reise sanft beginnen. Von dort hatten wir geplant, zu der eingangs schon erwähnten schönen kleinen Kirche „Santa Maria de Eunate" zu gehen, um nach einer stillen Einkehr den Weg anzutreten. Leider dachten wir nicht daran, dass die Kirche geschlossen sein könnte – sie war es! Auf einem Plakat stand, dass sie erst um 10.30 Uhr geöffnet würde. Und jetzt war es erst 8.30 Uhr. Zwei Stunden wollten wir nicht warten. Ein Spanier, der mit dem Auto neben uns hielt, meinte, dass sie schon um 9.00 Uhr geöffnet wird. Wir warteten mit ein paar anderen Pilgern bis 9.15 Uhr, aber niemand erschien. Und so gingen wir etwas enttäuscht zurück auf den Jakobsweg nach Obanos, um von dort nach Puente la Reina zu gelangen, wo wir die Nacht verbringen wollten.

Santa Maria de Eunate

32

Als wir in Puenta la Reina ankamen, war dort ein ziemlicher Trubel, denn das Jakobusfest, das jedes Jahr am 25. Juli stattfindet, wurde über das ganze Wochenende gefeiert. Stierattrappen in Fahrradform wurden durch den Ort geschoben. Die Kinder kreischten und waren begeistert. Dann fuhr noch eine Art „Stierauto" herum, das aus allen möglichen Öffnungen Wasser spritzte. Es war ein fürchterlicher Lärm – zu viel für unseren ersten Tag. Und so beschlossen wir, in das nächstliegende Dorf zu wandern, um dort zu übernachten.

Brücko in Puenta la Reina

33

Es war ein beschwerlicher Beginn unserer Reise, denn wir mussten in der Mittagshitze ein sehr steiles Stück Weg nach oben in Richtung Autobahn steigen. Der Anstieg dauerte – fast senkrecht hinauf – 25 Minuten. Ich war ganz schön geschafft! In Maneru, dem Ort der ersten Herberge, trafen wir auf Elke aus Norddeutschland und einen Vater mit zwei erwachsenen Kindern, einer Tochter und einem Sohn, aus Südafrika. Wir teilten unsere Melone, die wir in Puenta la Reina erstanden hatten, mit den vieren und ließen uns dazu überreden, mit ihnen bis nach Cirauqui zu gehen. Dort sollte es, laut Auskunft von Elke, eine schöne private Herberge geben. Der Weg dorthin war sehr entspannend und angenehm, nur der Aufstieg im Ort war nochmal etwas schweißtreibend.

Die Herberge „Maralotx" sah wirklich einladend aus und war zum Preis von 10,-- Euro pro Person recht günstig. Es gab dort große Räume, die mit Etagenbetten ausgefüllt waren. Roland und ich bezogen eines davon gleich neben der Türe an der Wand, Roland oben, ich unten. Das Dorf Cirauqui, das leicht erhaben auf einem kleinen Hügel liegt, empfanden wir als sehr idyllisch. Es ist ein sehr alter Ort mit vielen verwinkelten Gässchen. Doch es gab keine Einkehrmöglichkeiten, und der Lebensmittelladen sollte erst wieder gegen Abend öffnen. In der Herberge wurde ein Pilgermenü bereitet. Aber nachdem wir Vegetarier sind, konnten wir nicht daran teilnehmen, denn es gab Schnitzel zu essen. Gerne hätten wir uns ein Menü geteilt, um die Beilagen zu essen und das Fleisch an andere zu verschenken, aber das wurde uns nicht erlaubt. Und so warteten wir notgedrungen bis zum Abend, um uns im Lebensmittelladen etwas Essbares kaufen zu können. In der Zwischenzeit duschten wir und wuschen unsere Wäsche. Und weil es hierfür kein warmes Wasser gab, holte Roland das Wasser einfach aus der Dusche nach oben auf die schöne Veranda zu den Waschzubern.

Die Nacht war fürchterlich, eine Dame aus Spanien schnarchte unheimlich laut und in den hellsten Tönen, und die Kirchenglocken, die viertelstündlich schlugen, hatten einen eigentümlich harten Klang. Viele im Schlafsaal waren wach, stöhnten, wälzten sich von einer Seite zur anderen. Um ca. 1.00 Uhr nachts reichte es mir. Ich stand auf und rüttelte die Dame. Sie schreckte hoch – und das Schnarchen hörte erst einmal auf. Doch kurz darauf begann das Konzert von Neuem. Um 2.15 Uhr hörte ich bewusst das letzte Mal den harten Klang der Kirchturmuhr direkt vor unserem Fenster, dann schlief ich wohl vor Erschöpfung ein.

Es war ein Start, wie wir ihn uns ganz anders vorgestellt hatten. Die geschlossene Kirche am Anfang, dann trafen wir in der Herberge Maralotx auf Pilger, die eigentlich keine Pilger mehr waren, sondern, wie sie erzählten, eher Menschen, die die sportliche Herausforderung suchten. Der Anstieg in der Mittagshitze war teuflisch und ich hatte dabei etwas zu viel Sonne abbekommen. Die Stimmung etwas gehoben hatte das Treffen mit Elke und der südafrikanischen Familie. Aber die erste Pilgermesse, die wir in der Kirche in Cirauqui erlebten, war eine ganz normale Messe ohne Pilgersegen, was wir sehr enttäuschend fanden. Und so hoffte ich, dass der ungute Beginn sich noch zu einem guten Pilgern wandeln würde, was zum Glück auch so war.

28. Juli 2013 Sonntag: Cirauqui – Estella

Um 3.30 Uhr früh dachte ich, es sei bereits 5.30 Uhr, weckte Roland, und wir begannen, uns anzuziehen. Elke kam und zeigte uns die richtige Uhrzeit. Und so legten wir uns angezogen nochmal gemeinsam in mein unteres Bett. An Schlafen war nicht mehr zu denken, wir dösten nur noch ein bisschen, denn der Schlaf war für uns nach all diesen Störungen vorbei. Gegen 6.00 Uhr früh gingen wir, nach dem „Genuss" eines Automatenkaffees und abgepackten Keksen, gemeinsam mit Elke los. Es war zu dieser frühen Uhrzeit absolut ruhig im Dorf. Einige von den orange-gelben Laternen wiesen uns den Weg aus dem Ort heraus, dann wurde es richtig dunkel. Vor uns gingen zum Glück zwei junge Frauen mit Taschenlampen.

Der Weg gestaltete sich nicht einfach. Wir liefen bergab über eine alte Römerstraße, die sehr steinig war, vor allem große Steine lagen unregelmäßig auf der Erde. Insofern mussten wir gut aufpassen, um nicht zu stolpern. Unsere Augen gewöhnten sich mit der Zeit an die Dunkelheit. Langsam wurde es grau und die Sonne ging auf. Der Morgen war klar und freundlich, und wir bewunderten die herrliche Natur um uns herum. Es war ein abwechslungsreicher Weg: Wir gingen an Feldern und Weinbergen vorbei und begegneten vereinzelt Pferden, die auf kargen Koppeln grasten. Anschließend mussten wir an der Autobahn entlang pilgern, die wir mehrmals durch Tunnel unterquerten. Wir kamen durch kleinere Orte, Lorca und Villatuerta, wo wir einen Kaffee tranken, und an der Eremita de San Miguel Arcángel vorbei, bis wir nach einiger Zeit Estella erreichten.

Kirche von Villatuerta

Elke ging weiter; sie hatte nicht so viel Zeit, da sie Lehrerin ist und Ende August wieder zu Hause sein musste. Wir wollten gerne in der Herberge ANFAS nächtigen, die von behinderten Menschen geleitet wird. Aber es gab dort nur einen riesigen Raum, der aussah, als ob er früher einmal ein Supermarkt gewesen wäre. Unzählig viele Etagenbetten standen darin – und man konnte sich vorstellen, wie viele Schnarcher dann in der Nacht den anderen den Schlaf rauben würden. So entschieden wir uns, das Hotel „Chapitel" am Ort aufzusuchen. Durch einen Mittagsschlaf versuchten wir, unseren fehlenden Nachtschlaf nachzuholen. Ich war nach 15 Minuten wieder munter. Und so machten wir einen Rundgang durch Estella, auch, um unsere Pilgerpässe abstempeln zu lassen. Wir suchten ein gut aussehendes Restaurant auf und bestellten Bandnudeln mit Tomatensoße. Vegetarisches Essen zu bekommen, war auf dem ganzen Weg echt schwierig. Es wurden uns verkochte Nudeln mit einer rosa Soße serviert, die nach allem anderen schmeckte, nur nicht nach Tomatensoße – und daneben auf dem Teller lagen Pommes Frites! Der ganze Spaß kostete pro Person 9,50 Euro! Das konnte ja heiter werden!

Zurück im Hotel legten wir uns nochmal hin und schliefen ein. Nach dem Aufwachen ereilte mich das heulende Elend. Irgendwie fühlte ich mich falsch und außen vor. Ich wusste, noch eine durchwachte Nacht würde ich nicht durchhalten, deshalb das Hotelzimmer. Aber alle anderen waren zusammen in der Herberge und wir waren alleine. Meine Rolle wurde mir sehr gegenwärtig. In meiner Kindheit wähnte ich mich immer als Außenseiter und hätte so gerne dazugehört. Auch später passierte das immer wieder. Kurz nachdem wir nach unserem dreijährigen Aufenthalt am Benediktushof in Holzkirchen bei Würzburg wieder nach München zurückgingen, bekam ich Cerebrale Dystonie im Hals-Nacken-Bereich und 1 ½ Jahre später die Krebsdiagnose. Mir wurde klar, dass mein Gefühl, ein Außenseiter zu sein, eine maßgebliche Rolle bei der Entstehung des Krebses gespielt haben könnte. Eine Last auf meinem Herzen – und der Tumor lag genau in der linken Brust über dem Herz. Die Tränen kamen und lösten den Druck in mir.

Gegen Abend schlenderten wir noch einmal in die Stadt, um etwas zu trinken und eine Kleinigkeit zu essen. Wir saßen vor einem Lokal in der Fußgängerzone. Neben uns diskutierten lauthals zwei Hundebesitzer. Ihre beiden kleinen „Lieblinge" hingen noch an ihren Leinen, die auf der Straße lagen. Und so ärgerten sich die beiden kleinen Kläffer damit, dass immer einer die Leine des anderen ins Mäulchen nahm und daran zog. Der geärgerte zahlte es dann dem anderen mit gleicher Münze heim.

29. Juli 2013 Montag: Estella – Los Arcos

Gut ausgeschlafen verließen wir gegen 6.00 Uhr morgens das schöne Hotel. Es war wunderbar, bei Dunkelheit loszugehen. Anfangs ging es nur bergauf bis zum Kloster Irache mit dem legendären Weinbrunnen, der zu dieser frühen Stunde noch keinen Wein spendete, der aber, wenn er fließt, sehr gut sein soll. Aber wir sahen zwei Skarabäen, die mühsam über den Weg krabbelten. Nach einem unschönen Campingplatz rechts von uns kamen wir auf eine Anhöhe.

Und plötzlich schob sich die Sonne als glutroter Ball über den Horizont. Ein erhebender Augenblick! Anschließend wanderten wir durch eine herrliche Landschaft. Waldig mit einem riesigen Ausblick auf die angrenzenden Täler und Berge. In Azqueta machten wir Pause und frühstückten. Es war noch recht kühl. Mehrere ausgehungerte Katzen bettelten, indem sie „Männchen" machten, um etwas Kuchen, den sie tatsächlich fraßen.

Weiter ging es durch die schöne Landschaft, immer bergauf, bergab, bis wir Villamayor erreichten. Dort bekamen wir einen ersten Vorgeschmack auf die Meseta. Kilometerlang wanderten wir auf Wirtschaftswegen in der prallen Sonne, bis endlich nach ca. 10, aber gefühlten 20 Kilometern der Ort Los Arcos auftauchte.

Auf dem Weg nach Los Arcos

Eine langgezogene Gasse führte uns in den kleinen Ortskern. Dort bezogen wir Quartier in der Pension „Mavi", die in einem idyllischen Gässchen lag. Das Zimmer war sauber und klein. Diesmal fiel ich saumüde mit schmerzenden Beinen ins Bett. Nach einer halben Stunde war ich so weit, dass ich duschen und meine Wäsche waschen konnte. Nachdem wir Mittag gegessen hatten, verwickelte ich Roland nach einem nochmaligen Mittagsschlaf in ein Gespräch. „Wie gehen wir mit uns um, wie mit unserem Leben?" „Wofür lebe ich und habe meine Gesundheit wiedererlangt?" Doch wirkliche Erkenntnisse kamen uns nicht, wir waren uns in unseren Vorstellungen uneinig. Roland vertrat mehr die Meinung, dass es nichts Besonderes geben muss, ich wollte – wohl bedingt durch meine Erkrankung – unbedingt Neues spüren. Doch ich merkte schnell, dass man das nicht erzwingen kann. Vielleicht würde der Weg ja noch was bringen?

Nach unserem Gespräch kauften wir ein und aßen unser Brot, den Käse, die Tomaten und Gurken und als Nachtisch Nektarinen und Bananen am Kirchvorplatz. Ein Pilger spielte auf der Geige, um sich seinen Weg zu verdienen. Zu Vivaldis „Winter" aus den „Vier Jahreszeiten" tanzten Roland und ich einen einfachen Tanz von Bernhard Wosien, einem Balletttänzer und Choreographen.

Die anschließende Pilgermesse in der Kirche von Los Arcos war schön: Jeder Pilger bekam ein Blättchen, auf dem in seiner Muttersprache ein Pilgergebet stand. Und so erlebten wir zum ersten Mal, dass wir als Pilger gesehen wurden.

30. Juli 2013 Dienstag: Los Arcos – Logrono

Wieder starteten wir früh morgens bei Dunkelheit. Das war während des gesamten Weges die schönste Zeit des Tages. Aus den Herbergen am Weg kamen vereinzelt Pilger. Ein stiller Aufbruch in die Dunkelheit, die uns wie ein angenehm kühler Mantel einhüllte. Aus dem Nachtblau des Himmels wurde ein Grau, im Osten begann es langsam weiß zu werden, später rot und gelb, aber im Norden blieb der Himmel dunkelblau. Unser Weg führte uns von Los Arcos nach Logrono. Kurz vor Sansol ging die Sonne an einem strahlend blauen Himmel auf. Wir schafften es gerade noch, den Fotoapparat bereit zu machen, um das herrliche Schauspiel zu fotografieren. Einen kurzen Augenblick später stand die Sonne bereits vollständig am Horizont. Ein Götterbild! Ich sang „Es tagt der Sonne Morgenstrahl" der Sonne entgegen.

Sonnenaufgang bei Sansol

In Santo Sepulcro gab es die bisher besten Croissants zum Frühstück. Sehr lange wanderten wir durch eine kurzweilige Natur nach Viana. Wieder ging der Weg ständig bergauf, bergab, zum Teil richtig steil. Ich war sehr froh über meine Nordic Walking Stöcke, die ich beim Abwärtsgehen schräg nach vorne aufstützte, um meine Knie zu schonen. Der Weg führte teilweise an der Straße entlang. Zum Glück war wenig Verkehr. Je näher wir nach Viana kamen, umso mehr wuchs der Wunsch, bis nach Logrono weiter zu pilgern, was ich aber später bereute. Denn obwohl wir Logrono schon die ganze Zeit sahen, war der Weg dorthin noch recht weit. Vor allem war es gar nicht so einfach, durch Viana hindurch zu finden, denn der Ort ist sehr verwinkelt. Man musste gut auf die gelben Pfeile achten.

Ein schattenloser Weg führte uns nach Logrono, nur ein winzig kleines Wäldchen und ein paar vereinzelte Bäume spendeten uns etwas Kühle. Die Sträucher am Wegrand gaben nur für die Füße Schatten.

41

Und es kam noch schlimmer! Wir gingen an großen Autobahnauf-
fahrten und -abfahrten vorbei und kamen auf eine rot geteerte „Pil-
gerrennbahn" mit ein paar neu gepflanzten Bäumen, die noch keinen
Schatten spendeten, da sie sehr klein waren. Das einzig Gute war,
dass wir durch einen Tunnel mussten. Diese, vielleicht 5 bis 6 Kilometer lange Strecke von Viana nach Logrono forderte mich bis zum
letzten! Das Thermometer zeigte gut über 40 Grad Celsius. Zum
Glück begegnete uns noch eine nette Abwechslung: Donna Marias
Stand kurz vor Logrono. Dieser Platz ist ein Highlight des Jakobsweges, wo man kleine Snacks und Getränke und selbstverständlich
auch den Pilgerstempel „Sello" bekam. Schon Donna Marias Mutter
stand den Pilgern auf diese Weise zur Seite. Nach dem Tod der Mutter übernahm Maria dann den Stand. Weiter ging es unerträglich
lange Minuten bis in die Stadt. Wir ergatterten für 30,-- Euro direkt
gegenüber der Kathedrale in der Pension „La Redonda" ein kleines
Doppelzimmer.

Auf der Couch im Empfangsbereich sitzend, spürte ich die Überlas-
tung meiner Beine und meines rechten Knies. Ich war so müde und
geschafft, dass ich kaum noch aufstehen konnte, um ins Zimmer zu
kommen. Eine Pilgerin aus Italien, die ebenfalls in dieser Pension
wohnte, sprach uns an. Sie wollte wissen, ob wir auch Pilger seien,
wo wir gestartet waren und wie weit wir gehen wollten. In unserem
Zimmer angelangt, überkam mich die Sorge: „Halte ich durch?"
„Wie soll ich morgen weitergehen?". Ich hoffte, am nächsten Morgen wieder mit einem guten Gefühl zu erwachen, um in die Dunkelheit gehen zu können … Vom Dunkel ins Licht …

Die Abendmesse in der Kathedrale Santa Maria de La Redonda war
meditativ, aber nicht direkt auf Pilger ausgelegt. Trotzdem kam ich
in eine gute Stimmung und fasste wieder Zuversicht. Wir blieben
noch auf dem großen Platz in Logrono. Die Temperatur war nach
wie vor sehr hoch, bei fast 40 Grad. Aber es kam langsam etwas
Wind auf. Wir trafen die beiden Bulgarinnen, mit denen wir in

Pamplona das Zimmer geteilt hatten. Nach dem Abendessen lernten wir neue Mitpilger kennen. Roland unterhielt sich mit Sven aus Norwegen, während ich mit Doris aus der Schweiz Bekanntschaft schloss. Sven hatte seinen letzten Tag, am nächsten Morgen flog er wieder nach Hause. Ihn lässt der Weg nicht mehr los. Während seine Frau mit einer Freundin auf Mallorca weilte, ging er zum wiederholten Male eine Etappe auf dem Camino. Den ganzen Weg hatte er schon längst hinter sich. Doris wiederum war zum ersten Mal auf dem Weg, startete aber bereits in Zürich und war dadurch schon einige Monate unterwegs. Sie wollte bis Santiago de Compostela weitergehen.

In der Nacht hatte ich solch starke Schmerzen in den Beinen und Füßen, dass ich mir gar nicht vorstellen konnte, am nächsten Tag wieder weiter zu pilgern. Aber ich schaffte es …

31. Juli 2013 Mittwoch: Logrono – Ventosa

Um 5.50 Uhr starteten wir am nächsten Morgen, ich konnte tatsächlich wieder gehen! Bei Dunkelheit wanderten wir lange durch die doch recht große Stadt. Es war etwas anstrengend, da die Hinweiszeichen, die Pilgermuscheln, in den Boden eingelassen und bei Dunkelheit nicht so gut auszumachen waren. Der Weg ging zu unserer Freude diesmal sehr eben weiter. Wir kamen an einem schönen Stausee vorbei, einem großen Erholungsgebiet – natürlich inklusive Mücken! Ich beklagte den ersten Mückenstich, der aber zum Glück der einzige blieb. Dazu waren wir beide an diesem Tag sehr geschafft. Wahrscheinlich hatte uns der gestrige Weg doch zu sehr überfordert mit den knapp 29 km. Wir erreichten ein Weinbaugebiet, in dem es ziemlich nach Chemie stank. Es wurde gespritzt, so dass die Blätter der Reben in den Weinbergen richtig blau aussahen. Ich weiß schon, warum ich keinen Wein aus konventionellem Anbau mag und wurde darin bestärkt

Und wieder war die Autobahn neben uns. Der Maschendrahtzaun, der die Autobahn vom Pilgerweg trennt, war von zahlreichen Pilger-generationen mit kleinen Kreuzen aus Stöckchen verziert worden. Uns fiel ein Standbild von einem übergroßen Stier aus schwarzem Metall ins Auge. Es ist eines der berühmten spanischen Stierstand-bilder, die wie Schilder anmuten. Bevor wir Navarrete erreichten, streiften wir die Ruinen des alten Pilgerhospitals „San Juan de Acre". In Navarrete hatten wir eine schöne Auswahl an Bars, in denen wir unser Frühstück einnehmen konnten. Aber mit der dortigen Kirche hatten wir wieder Pech, die Türe war verschlossen. Das ist Usus auf dem Jakobsweg, da es leider immer wieder Menschen gibt, die sich durch das Stehlen von Kirchengütern selbst bereichern müssen. Schade!

Weiter ging es durch Weinbaugebiete und an der Autobahn entlang, bis wir endlich nach links einbiegen konnten und nach Ventosa ge-langten. Wir waren – auch wegen der Hitze – recht geschafft, als wir um 11.15 Uhr dort ankamen. Der Weg war schattenlos und sehr staubig, und die Temperatur dürfte wieder gut die 40 Grad-Grenze überschritten haben. Die einzige Herberge des Ortes war noch bis 14.00 Uhr geschlossen. Aber, man höre und staune, in dem verschla-fenen Ort mit verschlossener Kirche und fehlendem Lebensmittella-den gab es ein wunderschönes Hotel! Es hat nur zwei Sterne, kommt aber in der Ausstattung gut an ein deutsches 4-Sterne-Hotel heran. Es hieß „Las Agendas", und die Inhaber sprachen gut Englisch. Das Hotel empfing uns mit einem sehr liebevoll eingerichteten Zimmer mit vielen spanischen Antiquitäten, gepaart mit modernem Bad und einem Waschtisch aus Holz. Es wurde für uns persönlich vegetarisch gekocht, denn wir waren die einzigen Gäste. Der gedeckte Tisch war ein Gedicht! Die Dame des Hauses teilte an der langen Tafel mit einem dezenten Tischtuch einen kleinen Bereich ab und legte Sets unter die Teller, die stilvoll zur Tischdecke harmonierten. Wir beka-men ein Gemüserisotto serviert und als Nachtisch halbgefrorenes Limetteneis gespritzt mit Apfelcidre. Dezente Musik begleitete unseren Essensgenuss. Das Hotel kostete zwar 65,-- Euro und pro Abendessen 15,00 Euro, aber für das, was uns geboten wurde, war das angemessen. Die Besitzerin war sehr freundlich und entgegenkommend. Sie richtete uns abends noch ein schönes Frühstück, so dass wir uns morgens bald auf den Weg machen konnten.

Trotz des schönen Ambientes war meine Stimmungslage nicht so, wie ich sie gerne gehabt hätte. Ich war zwar ruhig, beinahe schon gleichgültig, aber auch schnell genervt, was Roland ertragen musste. Mein rechtes Knie schmerzte seit dem Vortag ziemlich stark, besserte sich aber im Laufe der Zeit immer mehr. Beim Pilgern selbst spürte ich zum Glück nichts. Jeden Abend dachte ich, dass ich am nächsten Morgen nicht weitergehen könne – und es ging doch immer weiter! Wir freuten uns auf eine gute Nachtruhe in dem schönen Hotel – aber weit gefehlt! Die Einwohner des Ortes machten die Nacht zum Tage. Selbst Kinder spielten bis Mitternacht und darüber hinaus im Freien. Es war dadurch ein Lärm im Gange, aber auch die Mütter taten das ihre dazu.

Als ich endlich einschlafen konnte, schreckte ich wieder hoch durch eine unbestimmte Angst, dass ich den Morgen nicht mehr erleben könnte. Das passierte mir immer wieder mal. Vielleicht, weil ich „gesund" zum Arzt ging und dann mit der schweren Diagnose konfrontiert wurde? Ich hatte zum Glück vor vielen Jahren durch Panikattacken gelernt, Angst anzunehmen. Insofern konnte ich mit diesem Gefühl umgehen, so dass es sich immer recht bald wieder verabschiedete. Aber jede kleine Unstimmigkeit in meinem Körper nahm ich als Alarmsignal wahr. Und doch bewies ich mir beim Pilgern täglich, dass ich wohl gesund war, denn sonst hätte ich das nicht leisten können, was ich mir auf dem Weg zumutete.

1. August 2013 Donnerstag: Ventosa – Azofra

Trotz des wenigen Schlafes in der Nacht standen wir früh auf. Ich musste noch das Mistelpräparat spritzen, das ich zur Stärkung des Immunsystems verschrieben bekommen hatte, was immer etwas Zeit in Anspruch nahm, denn anschließend sollte ich jedes Mal noch 10 Minuten ruhen. Wir erfreuten uns an dem liebevoll vorbereiteten Frühstück, bevor wir mit Sack und Pack das schöne Hotel um 6.10 Uhr verließen. Diesmal waren wir schnell durch den Ort Ventosa durch, er war sehr klein. Und wir hörten die gregorianischen Gesänge, mit denen die Pilger in der Albergue (Pilgerherberge) geweckt wurden. Es gab immer wieder Herbergen auf dem Weg, in denen erwartet wurde, dass die Pilger bis 6.00 Uhr im Bett blieben, so auch in Ventosa. Insofern gingen wir das erste Mal ganz alleine auf dem Weg in der Dunkelheit, was wir sehr genossen.

Wieder durften wir uns auf eine Wegstrecke einstellen, die dauernd auf und ab ging. Kurz nach 7.00 Uhr, als wir zum Glück gerade wieder auf einer Anhöhe waren, gab es einen wunderschönen Sonnenaufgang. Ein göttliches Schauspiel! Der Hügel davor war schwarz, dahinter gestaltete sich der Himmel in Rot- und Gelbtönen. Die Gelbtöne wurden von Augenblick zu Augenblick strahlender und heller, bis mit einem Mal die Sonne als goldgelber Ball am Horizont erschien. Plötzlich wurde das Tal in ein warmes, dunstiges Licht gehüllt, bis die Sonnenstrahlen die gesamte Ebene erreichten, wie in dem Lied „Und die Morgenfrühe …" so schön beschrieben mit der Textpassage „die Sonne macht dann die Täler weit und das Leben, das wird sie uns bringen". Für mich immer wieder sehr intensive Worte nach der Todesnähe, die ich vor kurzem noch verspürte. Es gibt so schöne Liedtexte, die diesen heiligen Vorgang beschreiben, z.B. bei dem Lied „Jeden Morgen geht die Sonne auf" mit der Textstelle „… und die schöne, scheue Götterstunde, jeden Morgen nimmt sie ihren Lauf". Und so ließen wir uns von diesen warmen Sonnenstrahlen in den ersten Ort Nájera geleiten, um ein zweites kleines Frühstück einzunehmen.

Nájera, ein hübscher Ort an einem Fluss, erwartete uns. Steil stieg der Weg aus dem Ort heraus wieder an, aber zum Glück nicht lange. Die Markierungen waren nicht gut, leider schon seit Ventosa. Man musste mit dem Blick zur Erde gehen, denn die Muscheln waren nur auf dem Gehweg am Boden hin und wieder eingelassen und die gelben Pfeile unten an die Bordsteinkanten angemalt. Manchmal war das Gras schon darüber gewachsen. Also hieß es, Augen offen und nach unten halten. Aber auch die vielen Fußspuren auf dem sandigen Weg waren ein Indiz dafür, dass wir uns auf dem richtigen Weg befanden. Wir wurden beinahe zu Pfadfindern.

Najera am Rio Najerilla

Wir erstiegen eine Anhöhe. Es war ein wunderschönes Naturerleben! Rechts von uns sahen wir in einiger Entfernung das hohe Gebirge, und wir selbst befanden uns auf hügeligem Weinbaugebiet. Von der Anhöhe aus konnten wir das ganze Tal überblicken und schon unser nächstes Ziel Azofra ausmachen. Beim Bergabgehen begann wieder eine gute Wegmarkierung. Linksseitig waren ca. 2 m große Pfähle im Abstand von 1 km aufgestellt, auf denen rückwärts gezählt die

Kilometer nach Santiago standen. Und so erreichten wir bei Kilometer 578 und großer Hitze den Ortsrand von Azofra.

Der Ort war wieder pilgerfreundlicher als Ventosa. Es gab einen ganztägig geöffneten Lebensmittelladen und eine schöne öffentliche Herberge „Alberge Municipal" mit einem einladenden Hof, in dessen Mitte ein großer Springbrunnen stand. Wir waren um 11.15 Uhr noch zu früh, um 12.00 Uhr wurde erst geöffnet. Doch wir konnten im Hof sitzen und wurden durch die Reinigungsdamen dazu ermuntert, unsere Füße im Brunnen zu kühlen, was wir auch gerne taten. Vielleicht hatte ich deshalb an diesem Tag keine Schmerzen in den Beinen?

Wir aßen unser Mittagessen, selbst gemachte Bocadillos – große längliche Brötchen – mit Käse, Tomaten und Gurken belegt, wofür wir uns die Zutaten in Nájera eingekauft hatten. Als Pilger bekamen wir dort je einen halben Liter Wasser geschenkt! In der Herberge in Azofra gab es ausschließlich Zwei-Bett-Zimmer, die an ein Liegewagenabteil im Zug erinnerten. Vor den Betten war je eine Koje für das Gepäck.

Zwei Pilgerinnen, eine Deutsche und eine Spanierin, kamen nach uns an. Die deutsche Pilgerin hatte ziemliche Blasen an den Füßen. Wir halfen gleich mit Nadel, Feuerzeug und Blasenpflaster aus. Anschließend mussten wir unsere Wäsche waschen und hatten das Glück, dass eine Waschmaschine vorhanden war. Danach duschten wir und fielen in den wohlverdienten Mittagsschlaf. In der Zwischenzeit hatte sich die Herberge gefüllt. Auch eine Familie aus Münster, die wir in Los Arcos bereits getroffen hatten, war wieder da. Dieses Mal gab es viele Deutsche. Es entspannte uns direkt, wieder die eigene Muttersprache zu hören. Einige kochten sich selbst ihr Abendessen, so auch wir. Das, was ich in den vielen Erlebnisberichten gelesen hatte, dass abends Kontakte beim Essen geknüpft werden, hatten wir bisher noch nicht erlebt. Viele waren bereits in Gruppen unterwegs. Und die, die alleine waren, zeigten uns häufig, dass sie das auch bleiben wollten.

Auch wir waren gerne unabhängig und wollten nichts erzwingen. Man sollte seinen Weg so gestalten, wie man es braucht, denn kaum einer ist ohne Grund auf dem Jakobsweg. Unser Ziel war es, uns selbst und unser Miteinander wiederzufinden, nach all dem Schweren, das uns in den letzten knapp zwei Jahren begleitet hatte. Jeden von uns auf seine Weise. Diese Zeit hatte unser Eheleben geprägt. Zum Glück ist unsere Beziehung auf einem sehr stabilen Fundament gebaut, so dass wir uns immer wieder darauf stützen können. Ich war oft ungeduldig und ungerecht, manchmal richtig pampig. Dann überkam mich wieder ein Gefühl von tiefer Glückseligkeit, dass ich alles so gut überstanden hatte, gepaart mit der Hoffnung, nicht mehr krank zu werden. Zu diesem Gefühl hatte ein wunderbarer Arzt maßgeblich beigetragen, der nun selbst schwer erkrankt war. Ich konnte jetzt nur versuchen, ihm mit meinen täglichen Gebeten zu helfen und damit, dass ich ihn im „Gepäck" mit dabei hatte.

Am Abend wendete sich das Blatt noch einmal. Nach unserem selbstgekochten Abendessen, Spagetti mit Gemüsesoße, saßen wir draußen am Springbrunnen. Wir unterhielten uns mit einem jungen Mann aus Freiburg. Er ist Erzieher von Beruf und studierte jetzt Soziale Arbeit und Philosophie. Er erzählte uns, dass er aus Langeweile den Camino ging. Mit Spiritualität konnte der sympathische junge Mann nichts anfangen. Wir kamen noch mit einer Norwegerin und einer Berlinerin in ein oberflächliches Gespräch. Etwas anderes war leider nicht möglich, da gegenüber am Brunnen zwei Damen dem Wein sehr zusprachen und die Lautstärke ihrer „lustigen Unterhaltung" mit jeder neuen Flasche immer mehr zunahm.

Die Nacht war sehr heiß. Erst gegen Morgen kamen wir auf die glorreiche Idee, unsere Schwingtüren mit den Stöcken so zu verankern, dass sie leicht offen standen und trotzdem niemand herein konnte, so dass wir wenigstens noch ca. zwei Stunden etwas angenehmer ruhten. Denn um 5.00 Uhr läutete der Wecker und um 5.45 Uhr gingen wir wieder auf den Weg.

2. August 2013 Freitag: Azofra – Granon

Diesmal war es sehr dunkel, als wir starteten. Die Wegweiser konnten wir kaum erkennen. Wir hatten vergessen, unsere Taschenlampe aus dem Rucksack zu nehmen. Jetzt waren wir zu faul, nochmals nach ihnen zu kramen. Vor uns sahen wir jemanden mit einer Stirnlampe. Und so beschleunigten wir unseren Schritt, um ihn einzuholen. In der Dunkelheit kamen wir an einem Haus vorbei und merkten richtig, dass das Haus Wärme abstrahlte. Unsere Sensibilität auf die Umgebung erhöhte sich. Auch die vielen Getreidefelder gaben im Gegensatz zu den Weinbergen spürbare Wärme ab. Der Weg war langweilig, wir folgten eine gefühlte Ewigkeit einem staubigen Wirtschaftsweg. Nur die leichten Anstiege und Abstiege unterbrachen die Eintönigkeit. Und weil es im Osten ziemlich diesig war, gab es vor Ciruena einen recht späten und völlig anderen Sonnenaufgang, da die Wolken die aufsteigende Sonne verdeckten.

Der Ortsanfang von Ciruena war eine ganz merkwürdige neugebaute, luxuriöse Geisterstadt. Prächtige Häuser, zum großen Teil unbewohnt, mit einem riesigen Golfzentrum. Nach einer Weile erreichten wir den alten Ortskern, wo wir jeder ein Croissant und Schwarztee zu uns nahmen. Kaffee, stellte ich fest, vertrug ich immer weniger, obwohl er in Spanien wirklich gut war.

Schafherde auf dem Weg nach Santo Domingo de la Calzada

Weiter ging es eintönig und meistens schnurgerade wieder den staubigen Wirtschaftsweg entlang, der zum großen Teil neben der Autobahn oder der Landstraße verlief. Endlich erreichten wir Santo Domingo de la Calzada, die Stadt mit dem Hühnerwunder.

Die Legende besagt Folgendes: Im Mittelalter pilgerte ein nieder-
rheinisches Ehepaar mit seinem Sohn auf dem Jakobsweg. Eine
hübsche Wirtstochter machte dem Sohn schöne Augen. Doch er war
als frommer Pilger diesen Verführungen gegenüber unempfindlich.
Aus Ärger darüber schmuggelte die Wirtstochter dem jungen Mann
einen silbernen Becher in sein Gepäck, woraufhin der arme Pilger
verhaftet und zum Tode verurteilt wurde. Sehr traurig zogen seine
Eltern weiter. Als sie dann aus Santiago zurückkehrten, fanden sie
ihren Sohn lebendig am Galgen hängend vor. Sie suchten den Bischof auf, der gerade mit dem Verspeisen von zwei gebratenen
Hühnchen beschäftigt war und berichteten ihm, dass ihr Sohn am

Leben sei. Der Bischof schickte das Ehepaar mit den Worten weg, dass eher seine zwei Brathühner anfangen würden zu gackern, als dass die Geschichte der Eltern wahr wäre. Und wie man sich vorstellen kann, fingen die beiden Brathühner tatsächlich an zu gackern. Der Sohn, von dem die Legende sagt, dass der Heilige Jakobus ihn während der ganzen Zeit gehalten habe, wurde lebend vom Galgen genommen und die Wirtstochter wurde verurteilt. Seitdem werden in der Kirche von Santo Domingo de la Calzada jeweils ein Hahn und eine Henne gehalten. Manchmal hört man sie während der Pilgermesse gackern.

Ein recht schöner Ort, dieses Santo Domingo de la Calzada, mit zwei Luxushotels der Kette „Parador". Und die Kirche war geöffnet (!!), kostete aber Eintritt. Doch sie war wirklich sehenswert. Als Pilger bekamen wir einen Sonderpreis, wir zahlten statt 4,-- Euro nur 3,-- Euro. Es umfing uns eine schöne und ruhige Stimmung, die durch mittelalterliche sakrale Musik untermalt wurde. Leider entdeckten wir das Huhn und die Henne in der Kirche nicht, obwohl uns gesagt wurde, dass die beiden tatsächlich da waren.

Nach dem Verlassen des Ortes ging es wieder langweilig und staubig dahin. Der Kopf wurde nur gefordert durch die teilweise schlechten Markierungen. Genau um die Mittagshitze gab es wieder Aufstiege, die zwar nicht extrem, aber bei über 40 Grad ohne Schatten schwer zu ertragen waren. An diesem Tag flimmerte die Luft richtig. Interessant war, dass man von dem Ort Granon zuerst die Spitze des Kirchturms über einem grünen Feld sah. Von da an dauerte es immer noch eine gefühlte Ewigkeit, bis man nach zwei kleinen Auf- und Abstiegen endlich im Ort angekommen war.

Nun begann für uns zum ersten Mal das richtige „Pilgerfeeling"! Wir kamen in der Kirche von Granon unter, vielmehr im Kirchturm. Und wir wurden sehr freundlich auf Deutsch durch einen der freiwilligen Helfer dieser Herberge mit einem kühlen Glas Wasser begrüßt. Es war eine sehr idyllische Herberge, wenn man sich ganz oben auf der

Empore einen Schlafplatz ergattern konnte. Oben, das war ein großer Raum mit Kochnische, zwei Dusch- und Toilettenräumen und einem sehr gemütlich eingerichteten Aufenthaltsraum, von dem aus eine Freitreppe nach oben führte, um zu einer Galerie zu gelangen, auf der ca. 12 dünne Gymnastik-Matratzen lagen, von denen wir gerade noch zwei nebeneinander liegende in Besitz nehmen konnten.

Herberge im Kirchturm der Kirche von Granon

Eine wunderschöne Stimmung entstand, als wir uns zur Mittagspause hinlegten. Unterhalb der Treppe wurde leise gesprochen und gekocht. Dann legte jemand klassische Musik auf. Unter anderem erklang die schöne Arie aus der Mozart-Messe „Vesperae solennes de confessore", KV 339, „Laudate Dominum". In mir wuchs ein Gefühl von Geborgenheit. Ich döste vor mich hin, während Roland und Jimmy von den Fidschi-Inseln neben mir leicht schnarchten. Nach dem Aufstehen klimperte Jimmy auf der Gitarre herum, eine italienische Gruppe hatte am großen Tisch viel Spaß, und wir saßen am

kleinen Tisch und planten die weitere Route. Draußen fegte ein heißer Wind, der sich aber hier im kühlen Kirchengebäude sehr angenehm lau anfühlte.

Später sangen Roland und ich ein Lied, genau in dem Augenblick,
als der Hospitalero, der Herbergsvater, mit dem Pfarrer telefonierte.
So war der Pfarrer gleich damit einverstanden, dass wir während des
Gottesdienstes bei der Austeilung der Hostien das Taizé-Lied „Jesus
Christ, bread of life" sangen. Die Pilgermesse hier in Granon berühr-
te uns sehr. Unser Gesang wurde von den Pilgern und auch von den
Einheimischen sehr positiv aufgenommen, wir bekamen neben guten
Stimmen auch eine schöne Ausstrahlung bescheinigt. Nach der Mes-
se durften wir Pilger ins Kirchenmuseum und bekamen unseren
Stempel in den Pilgerpass.

Danach gab es Abendessen für 50 Pilger. Bei der Vorbereitung halfen wir mit, wir kochten Gemüserisotto und Salat. Sogar ein Nachtisch wurde gereicht. Wir waren etwa 5 Deutsche unter 45 Pilgern,
die vorwiegend aus Italien und Spanien kamen. Es gab ein munteres,
ausgelassenes Treiben an den Tischen und viele Gespräche in den
verschiedenen Sprachen. Auch wurde ein lustiges Lied, bei dem das
Besteck als „Schlagzeug" verwendet wurde, als Dankeschön für das
gute Essen gesungen.

Die Nacht verlief für mich wieder sehr schlecht. Ich konnte bis 1.00
Uhr nicht schlafen. Trotzdem standen wir um 5.00 Uhr früh wieder
auf.

Etwas ging mir am Morgen des Tages noch im Kopf herum. Nachdem ich die beiden betrunkenen Frauen gestern am Abend erlebt
hatte, spürte ich deutlich, welch unterschiedliche Formen von Fröhlichkeit es gibt. Eine, die die Augen strahlen lässt, von Herzen
kommt und alle Anwesenden mit einschließt, bei der auch andere
bemerkt werden und zu Wort kommen. Und eine, bei der sich einzelne, meist zwei Verbündete, produzieren und gegenseitig anheizen.

Diese Form wirkt auf mich selbstdarstellerisch und eigenverliebt. Die anderen sind nur Publikum und bleiben außen vor. Meist ist bei dieser Form Alkohol im Spiel. Die Augen leuchten nicht. Diese Menschen sind ganz auf ihre Außenwirkung bedacht. Das sind einfache Erkenntnisse, aber trotzdem war das für mich sehr intensiv wahrnehmbar.

3. August 2013 Samstag: Granon – Tosantos

Der Weg an diesem Morgen entging meinen Augen fast, da ich ihn beinahe schlafwandelnd hinter mich brachte. Zum Glück hatte ich meine Stöcke, an denen ich mich festhalten konnte, um nicht umzufallen. Es war dadurch ein interessanter Start. Aus dem Ort Granon herausgekommen ging es bergab. Es war stockdunkel und wir wanderten nach unten wie in einen dunkelblauen See hinein. Diesmal waren wir die ersten und blieben es auch lange. Anfangs führte uns der Weg im Zickzackkurs, aber er war gut ausgeschildert. Wenn man bei Nacht startete, musste man an jeder Ecke mit der Taschenlampe nach dem gelben Pfeil suchen.

Die erste Bar, sehr hübsch gelegen und gestaltet, hätte uns schon nach sehr kurzer Zeit in Redecilla del Camino eingeladen, was viel zu bald war. Auch Castildelgado war noch zu früh. In Viloria de Rioja sollte sich nach unseren Unterlagen auch eine Bar befinden, wir fanden sie aber nicht. Und in Villamayor del Rio war die Bar noch geschlossen. In uns machte sich Frust breit. Und so liefen wir die ganzen 15 km bis Belorado, ohne ein Frühstück im Bauch zu haben!

Der Weg ging wieder bergauf, bergab – und das bei meinem wenigen Schlaf! Kurz danach, früher als erwartet, tauchte Belorado auf.

Ein langgestreckter Ortsbeginn forderte uns Hungrige noch, bis wir endlich ins Zentrum gelangten. Und auf dem Weg zum Zentrum gab es wieder eine offene Kirche, die wir natürlich sofort aufsuchten. Am Marktplatz trafen wir auf einige Pilger, die sich wie wir auf ein sehr

verspätetes Frühstück freuten. Und es empfingen uns gute Einkaufs-
möglichkeiten. Gestärkt durch Schwarztee und eine Tortilla und
durch ein kleines Nickerchen auf Rolands Schoß auf der Parkbank,
was eine Pilgerin sofort fotografierte, schaffte ich doch noch die
wenigen Kilometer bis nach Tosantos. Beinahe wollte ich uns schon
ein Taxi bestellen.

Angekommen vor der Herberge „Santo Francesco de Asis" saßen
schon einige Pilgerinnen und Pilger, die wir von Granon kannten, vor
der Haustüre. Beim Empfang wurden wir gleich mit den Bedingun-
gen der Herberge konfrontiert: nicht vor 6.00 Uhr aufstehen und erst
nach einem gemeinsamen Frühstück um 6.30 Uhr auf den Weg gehen. Ich stellte mir die überfüllten Waschräume und Toiletten vor. So
nutzte ich erstmals meine überstandene Erkrankung und verlangte,
mit Roland schon vor 6.00 Uhr die Herberge verlassen zu dürfen, da
ich es nicht schaffen würde, in der Mittagshitze zu gehen. Denn es
erwartete uns am nächsten Tag ein steiler Anstieg, der dann in die
Mittagszeit fallen würde. Tatsächlich bekamen wir die Möglichkeit,
alleine im Empfangszimmer neben der Haustüre zu schlafen, um uns
am nächsten Tag still aus dem Staub machen zu können.

Die Herberge war nicht mehr so idyllisch wie am Tag vorher in
Granon. Und nur Jimmy und ein paar wenige bekannte Gesichter
blieben, alle anderen gingen weiter. Die schöne Stimmung vom Vortag war nicht da und schon fragte ich mich wieder, warum ich mir
das Ganze antat.

Nach dem Lesen der vielen Reiseberichte hatte ich es kaum erwarten
können, auf den Weg zu kommen. Auch die begeisterte Aussage der
Präsidentin des Paderborner Pilgervereins, Gesine, dass es das
Schönste sein würde, was ich in meinem Leben bisher erlebt hatte,
konnte ich bis dahin nicht bestätigen. „Vielleicht kommt ja noch
was", war mein einziger Trost. Es war schon wunderbar, die Landschaft, die Menschen und die Orte zu erleben, den Reichtum in den
Städten, die Armut auf dem Lande. Vor allem war es wunderschön,

morgens die Sonnenaufgänge bewundern zu können. Trotzdem stellte sich bei mir immer noch keine Begeisterung ein. Doch aufgeben wollte ich auf keinen Fall. Dafür war der dringende Wunsch, diesen Weg zu gehen, während der Chemo-Zeit zu groß gewesen.

Nachmittags trafen wir eine spanische Dame aus dem Ort Tosantos, die uns auf eine Anhöhe zur Kapelle „Ermita de la Virgen de la Pena" führte, die in den Felsen oberhalb des Ortes hinein gebaut worden war. Ein beeindruckendes kleines Kirchlein. Doch die Jungfrau Maria war nicht da … Sie wird immer während einer bestimmten Zeit in die Kirche des Ortes gebracht. Und so sahen wir nur den Platz, an dem sie eigentlich stehen sollte.

Nach der Rückkehr von der kleinen Wanderung bereiteten wir in der Herberge gemeinsam das Abendessen zu. Während ich den Salat schnitt, kam der Leiter des Hauses seitlich an mich herangeschlichen und stimmte ein Taizé-Lied an. Ich sang mit, diese Lieder sind mir sehr vertraut. Er lächelte still in sich hinein und ging wieder. Kurz darauf kam er wieder, fing an, ein anderes Taizé-Lied zu singen, schaute erwartungsvoll in mein Gesicht und strahlte, als ich auch da mitsingen konnte. Und so ging das eine ganze Zeit dahin. Auch bei anderen eruierte er, ob sie die Lieder kannten. Später wusste ich auch warum, denn bei der Andacht sollten sie gesungen werden.

Die Andacht im Meditationsraum der Herberge selbst war für mich, und wohl auch für andere, sehr belastend. Denn alle Anwesenden bekamen einen handschriftlichen Zettel, auf dem etwas Schicksalhaftes von fremden Pilgern stand. Jeder Zettel war in der entsprechenden Muttersprache geschrieben. Wir sollten das darauf Stehende – einer nach dem anderen – vorlesen. Roland musste den Wunsch eines Mannes verlesen, der darauf hoffte, dass seine Freundin endlich ihr nahendes Sterben annehmen konnte. Es belastete mich sehr, da ich meine eigene Situation noch zu verarbeiten hatte. Auch die anderen lasen ihre Zettel zum Teil unter Tränen vor – zum Glück in Sprachen, die ich nicht verstand. Ich fand dieses Verfahren nicht gut, denn wohl fast alle, die auf dem Camino unterwegs waren, hatten ihr eigenes Anliegen und mochten sich bestenfalls noch mit den Anliegen derer, die sie auf dem Weg kennenlernten, beschäftigen. Aber nicht mit denen von Menschen, die sie gar nicht kannten.

Das Abendessen wurde für mich ein Fiasko. Denn eine recht übergriffige Italienerin kümmerte sich ungefragt um das vegetarische Essen, obwohl sie selbst keine Vegetarierin war. Sie schüttete in die Nudeln so viel Öl, dass sie kaum noch genießbar waren! Meinen Einwand überging sie mit der Aussage, sie sei Italienerin und wisse genau, wieviel Öl an die Nudeln muss. Ich reagierte total über und wollte am liebsten gar nichts mehr essen. Roland beruhigte mich wieder, so dass ich mich dann doch noch an den Tisch setzte und mitaß – nicht ohne vorher mit Küchenrolle das viele Fett wieder abzutupfen! Solch übergriffige Menschen schätze ich gar nicht!

Aber es gab noch eine schöne Situation mit einer jungen Spanierin, die mir gegenüber am Tisch saß. Wir lächelten uns schon während des Essens zu. Als wir anschließend unser Nachtquartier bereiteten, sah ich, dass diese sympathische Spanierin und ihr Mann keinen Schlafplatz mehr nebeneinander gefunden hatten. Ich zeigte ihr, dass Roland und ich nach unten in das Empfangszimmer zogen und sie mit ihrem Mann unseren Platz einnehmen könne. Plötzlich umarmten wir uns sehr innig. Warum? Ich wusste es nicht. Leider haben wir die beiden nicht mehr wiedergesehen.

In dieser Nacht schlief ich sehr gut, obwohl wir wieder eine sehr dünne Gymnastikmatratze als Unterlage hatten. So war ich für den nächsten Tag gut gerüstet.

4. August 2013 Sonntag: Tosantos – San Juan de Ortega

Um 5.45 Uhr verließen wir ganz still die Herberge, in der alle noch wie gewünscht schliefen. Ich war froh, diesen Ort verlassen zu können. Irgendwie fühlte ich mich hier menschlich eingeengt, obwohl die Herberge eigentlich schon sehr spirituell und ansprechend war. An der Haustüre stolperte ich rückwärts über eine Stufe und zerrte mir leicht den rechten Unterschenkel, was mich noch lange begleitete.

Anfangs war der Weg wieder ähnlich wie die letzten Tage, viele Kornfelder rechts und links von uns. Gegen 8.30 Uhr erreichten wir den kleinen Ort Villafranca Montes de Oca. Zwei Notarztwägen standen da, der eine verließ schon mit Gelblicht den Platz. Sehr viele betrunkene junge Menschen standen herum. Wir nahmen an, dass einige zu viel Alkohol erwischt hatten. Schade, dass junge Leute manchmal so sorglos mit ihrer Gesundheit umgehen. Sie ist doch das wichtigste, was wir haben. Doch ich konnte auch verstehen, dass es der Jugend, besonders in Spanien, nicht mehr so gut geht, weil es nicht leicht ist, eine Arbeitsstelle zu finden. Und wie soll man sich eine Zukunft aufbauen, wenn man keinen materiellen Start hat?

Kirche von Villafranca Montes de Oca

Wir kamen an einer schönen Kirche vorbei und mussten hinter diesem Gebäude sehr steil nach oben gehen. Es war ein schmaler Bergpfad, der wieder – wie in Spanien anscheinend oft üblich – senkrecht den Berg hinauf führte. Eigentlich wollte ich mit dem Bus fahren, da der Weg in der Beschreibung als „sehr steil" bezeichnet wurde und ich noch den Anstieg hinter Puente la Reina in schlechter Erinnerung hatte. Zum Glück überredete Roland mich dazu, es nicht zu tun. Denn es erwartete uns eine ganz besondere Landschaft. Ein richtiger Zauberwald tat sich vor uns auf. Der Boden wechselte die Farbe von bisher fast grau/weiß in ein hell bis dunkel leuchtendes Orange. Wir waren ganz alleine auf der Strecke und genossen dieses wunderschöne Hänsel-und-Gretel-Gefühl. In diesem Wald gab es Heidekraut, das so intensiv lila blühte, wie ich es in Deutschland noch nie gesehen hatte. Spinnweben mit Tauresten darin hingen zwischen dem Heidekraut und gelben Gräsern und glitzerten durch das darauf scheinende Sonnenlicht. Eine wirklich herrliche Natur!

Der Weg wurde nach einiger Zeit wieder breiter. Wir kamen zu einem Monument, das an die im spanischen Bürgerkrieg 1936 gefallenen Menschen erinnerte. Das Bild, das sich uns danach vom Weg zeigte, wirkte wie eine Art Achterbahn. Fast senkrecht ging der Weg nach unten, um auf der anderen Seite ähnlich steil wieder anzusteigen. Das war aber zum Glück der letzte große Anstieg an diesem Tag. Dort, auf dieser „Achterbahn", wurden wir mit großem Hallo von Jimmy und einem Italiener, der immer einen Turban trug, flott überholt.

Anschließend führte der Weg durch kleine Wälder nach unten in den winzigen Ort San Juan de Ortega. Er soll nur 18 Einwohner haben. Ein ruhiger Ort zum Durchatmen. Die beeindruckende romanische Kirche lud uns mit offenen Türen zum Einkehrhalten ein. Doch innen war der Hauptteil durch Gittertüren verschlossen, die sich erst zur Pilgermesse öffnen würden. Wir gingen in die Casa Rural, in die wir uns eingemietet hatten, um die Zeit bis zum Mittagessen, das nur zwischen 13.00 und 15.00 Uhr serviert wurde, zu überbrücken. Wir wollten uns nur kurz ausruhen – und schliefen tief ein. Zum Glück erwachte ich gegen 14.30 Uhr, denn sonst hätten wir das Essen und ein nettes Gespräch mit Friedrich, den wir hier kennenlernten, total verschlafen. Es gab für Vegetarier Salat und Käseomelette.

Friedrich aus Österreich war schon das zweite Mal auf dem Camino. Er lebte wohl nicht einfach, wie er uns erzählte. Er hatte aber – vielleicht gerade deshalb – für sich schon viele gute Erfahrungen im Weiterkommen gemacht. Wir waren immer noch ungeduscht, als um 18.00 Uhr bereits die Pilgermesse begann, da wir uns sehr lange mit Friedrich unterhalten hatten. Abends saßen wir in der Bar und überlegten, was wir noch an Lukullischem benötigten. Jimmy, den wir hier wiedertrafen, wollte weitergehen. Jetzt gab es nur noch in Burgos die Möglichkeit, ihn noch einmal zu treffen. Aber kann man sich in dieser großen Stadt wiederfinden?

Roland gab mir gute Gedanken für unsere heutige Entscheidung, den Weg zu gehen und nicht mit dem Bus zu fahren: Das „Kopfkino" stellt uns die Dinge oft viel schlimmer dar, als sie dann in Wirklichkeit sind. Und auch Friedrich hatte dazu eine nette Geschichte: Als er an einer Bushaltestelle stand, willig in den Bus einzusteigen, kam ein anderer Pilger vorbei und fragte ihn, ob er denn auch einen Tag in seinem Leben überspringen könne? Woraufhin er dann doch zu Fuß weiterging.

Der Abend verlief ruhig. Wir besuchten die Pilgermesse in der Klosterkirche von San Juan de Ortega und bekamen einen Segen. In der Casa Rural schlief ich wie ein Baby; so gut, wie schon seit Jahren nicht mehr.

5. August 2013 Montag: San Juan de Ortega – Burgos

Der Wecker läutete wie üblich um 5.00 Uhr morgens. Ich hätte noch so schön weiterschlafen können! Aber es half nichts, heute musste ich auch noch spritzen. Wir machten uns um 5.55 Uhr auf den Weg und waren wieder ganz alleine auf der Piste. Ein hellleuchtender Sternenhimmel begleitete uns. Der Weg führte uns durch ein waldiges Gebiet in Richtung Agés. In der Dunkelheit sahen wir Kühe am Wegrand stehen und bemerkten, dass es gar keinen Weidezaun gab. Plötzlich tauchte ein größeres Kalb vor uns auf. Es war anscheinend genauso erschrocken wie wir und trabte schnell auf die Weide zu seinen Artgenossen.

In Agés kamen wir an einer sehr schön aussehenden Herberge mit einer Bar vorbei, aber für das Frühstück war es noch viel zu früh. Eine batteriebetriebene chinesische Katze winkte durch die Glastür, als ob sie die Pilger weiterschicken wollte: „Ultreya" (geh' weiter).

Der nächste Ort Atapuerca ist von der Unesco ausgezeichnet, es gibt hier sehr frühe Funde menschlichen Lebens. Nach dem Ort stieg der Weg wieder ganz schön an; ein Glück, dass es noch so früh war. Auf der Anhöhe bremste uns erst einmal eine große Schafherde aus. Es gab kein Durchkommen durch diese eng an eng laufenden Tierkörper. Also warteten wir brav, bis die Schafe seitlich auf die Weide liefen. Oben angekommen breitete sich eine riesige Hochebene mit einer klaren und kraftvollen Ausstrahlung aus, die zum Teil militärisch genutzt wurde. Neben dem Weg gestalteten die Pilger ein Labyrinth mit Steinen, bei dem man weiterbauen konnte. Wir legten beide einen Stein dazu. Anschließend ging es nur noch bergab, bis der Weg zu einer Landstraße kam, an der wir nun entlang gehen mussten. Das war ziemlich nervtötend!

Nach dem Überqueren der Autobahn gab es zwei Wege nach Burgos hinein. Wir nahmen den Weg über Villafria, weil wir von dort aus erstmals den Bus nehmen wollten, um nicht noch stundenlang durch das Industriegebiet gehen zu müssen. Die Sonne schien gnadenlos, es gab keinen Schatten. In Villafria war die Bushaltestelle schnell gefunden, und in der Bar gegenüber gab man uns bereitwillig Auskunft, wann der Bus fuhr. Wir mussten nicht lange warten. Angekommen in der großen Stadt erschlug uns fast deren Betriebsamkeit. Wir waren ziemlich orientierungslos, denn von der Bushaltestelle aus gab es keine Wegweiser. Mit Mühe fanden wir die Touristeninformation und bekamen dort einen Stadtplan. Das Hotel, in das wir eigentlich wollten, war voll belegt. Aber es gab zum Glück genügend Unterkunftsmöglichkeiten in der Innenstadt, so war Ersatz schnell gefunden. Hier wollten wir einen Tag Pause einlegen, den ersten „Urlaubstag" seit unserem Start.

Vor Ort konnten wir viele Sehenswürdigkeiten besichtigen, insofern fiel uns das Bleiben nicht schwer. Roland konnte seine blasengeplagten Füße pflegen. Ich leistete mir in Burgos für günstige 25,-- Euro eine weiße Sommerhose und ein blaues T-Shirt, weil ich es satt hatte, die ganze Zeit nur in Wanderhosen herumzulaufen. So fühlte ich mich wieder als normaler Mensch und passte mich dem Stadtbild an. Bei einem ersten Rundgang trafen wir tatsächlich auf Jimmy. Es war eine riesengroße Freude, ihn hier noch einmal zu sehen. Wir fielen uns um den Hals, wissend, dass das wohl das letzte Mal sein würde, dass wir uns trafen, denn er wollte dort nicht bleiben, es war ihm zu umtriebig. „Lass' es Dir gut gehen, Jimmy!"

Es war schon komisch: Beim Pilgern fühlte ich mich sehr wach und zufrieden. Gegen Mittag wurde es anstrengend, wenn ab ca. 11.00 Uhr die Hitze kam. Nach dem Ankommen wollte ich nur schlafen – und fühlte mich hinterher wie verloren. Dann sehnte ich mich nur noch nach Zuhause. Es war nicht einfach, sich jeden Tag an eine neue Umgebung und eine neue Unterkunft zu gewöhnen. Drei Tage vorher das schöne Erlebnis im Kirchturm von Granon, am Tag danach Tosantos, wo es für mich sehr belastend und einengend war, am Vortag erstmals das schöne Gefühl von gutem Schlaf und dann in der umtriebigen und lauten Stadt Burgos, ganz alleine, wie normale Touristen in einem Hotel ohne Mitpilger. Ich brauchte die Ruhe mit Roland alleine, aber ich fühlte mich verloren. Die Alternative, ins „Massenlager" zu gehen, sprich Pilgerherberge, war auch nicht das, was ich wollte. Ich war schlapp, faul und unausgeglichen. Warum tat

ich mir das Ganze eigentlich an?! Ich war gespannt, wie es gefühls-
mäßig bei mir weitergehen würde. Seit dem Vortag schmerzte der
Port – der Zugang, der mir für die Chemotherapie gelegt worden war
– in der rechten Schulter etwas. Aus diesem Grunde stopfte ich eine
Packung Tempotaschentücher unter den Rucksackriemen, um den
Druck zu vermindern.

6. August 2013 Dienstag: Burgos – Ruhetag

Der Wecker läutete an diesem Tag mal nicht. Zum Glück, denn die
Nacht war schlecht verlaufen. Es gab sehr viel Lärm von draußen.
Die Spanier lebten aufgrund des heißen Klimas in der Nacht auf, und
wir schafften es nicht, bei geschlossenem Fenster zu schlafen. Vor
dem Aufstehen überfiel mich wieder eine merkwürdige Unruhe. Ich
kannte das schon von zu Hause, seit Beginn meiner Erkrankung.
Doch ich wusste nicht, was mich da umtrieb. Roland war zum Glück
recht ausgeglichen.

An diesem Tag war der Himmel wolkenverhangen. Das Frühstück
war für spanische Verhältnisse recht gut, wir bekamen neben den
verpackten Croissants und Kuchen auch ein frisches Boccadillo (eine
große längliche Art von Semmel) mit Butter, Marmelade, Käse und
Honig. Nach dem Frühstück zogen wir los, um auch für Roland ein
paar „normale" Kleidungsstücke zu erwerben. Zum Glück wurden
wir auch für ihn fündig. Danach hatten wir Zeit und Ruhe, um die
bemerkenswerte gotische Kathedrale, ein Unesco-Weltkulturerbe,
von innen anzusehen. Ein Prachtbau, der schon so einiges erlebt hat.

Ungefähr zwei Stunden verbrachten wir mit Kopfhörern auf den
Ohren in diesem Gebäude. Wir fotografierten nur das Modell, denn
die gesamte Kathedrale war nicht auf ein Bild zu bannen, man konnte nicht weit genug nach hinten ausweichen. Der Platz, auf dem sie
steht, war hierfür zu klein. Nebenan steht die „Iglesia de San
Nicolás" mit sehr vielen beeindruckenden Alabasterfiguren. So hatten wir an diesem Tag Kulturprogramm. Und wir wurden von niemandem als Pilger erkannt, da wir nun beide in „Zivil" und ohne

Rucksäcke herumliefen. Es fühlte sich komisch an, nicht dazuzuge-
hören. Neue Pilger kamen in der Stadt an, die wir (noch) nicht kannten, die bekannten zogen weiter.

Die Wetternachrichten, die wir gesehen hatten, verhießen nichts
Gutes. Es sollte Regen und Gewitter geben – genau das, wovor ich
immer Angst hatte. Die Vorstellung, bei Gewitter auf der Meseta zu
gehen, war für mich vor Antritt der Reise so ziemlich das einzige
gewesen, wovor ich mich gefürchtet hatte. Und nun sollte genau das
eintreten! Ich wurde ganz schön herausgefordert.

Idyllisch darf man sich den Weg nicht vorstellen, es ist eine harte
und herausfordernde Angelegenheit, so ganz auf sich gestellt zu sein.
Der Abendgottesdienst war insofern jedes Mal eine angenehme Me-
ditationszeit, wo ich zur Ruhe kam und mich immer wieder neu
sortierte. An diesem Tag saß vor uns ein etwa 40 Jahre alter, sportli-
cher Mann, der das Pilgern wohl übertrieben hatte. Man sah ihm die
Schmerzen an, er konnte zum Gebet gar nicht aufstehen. Seine Zehen
waren alle mit Pflastern verklebt. Da dachte ich gleich an Rolands
geplagte Füße und hoffte, dass die Blasen bei ihm bald weggehen
würden.

Und dann hoffte ich auf eine gute Nacht. Am nächsten Morgen wollten wir vorsichtig weitergehen. Wir bestellten uns ein Taxi, um ca. 9
km bis nach Tardajos zu fahren und von dort aus nach Hornillos
weiterzugehen, das nur ungefähr 10 km von Tardajos entfernt war.
Wir wollten am Tag nach der Pause nur ein kurzes Stück pilgern,
auch um Rolands Füße zu schonen. Außerdem lud das Gewerbege-
biet vor Burgos nicht zum Pilgern ein. Wir wollten in einer Casa
Rural in Hornillos, die als gut bewertet war, eines der sieben Zimmer
ergattern. So mussten wir früh vor Ort sein.

Ich fühlte mich leer, da ich mich an diesem Pausentag nicht mehr als
Pilgerin fühlen konnte. Jeden Tag woanders zu sein, fiel mir schwer,
aber ich gehörte wenigstens zu einer Gruppe dazu. Die

Unterbrechung hatte mir nicht gut getan. Es kamen mir Gedanken zu den Flüchtlingen im Krieg, zu denen auch meine Großeltern gehört hatten. Ich hatte nun eine etwaige Vorstellung davon, wie es ihnen im Krieg ergangen sein musste. Kein Zuhause mehr und das ganze Hab und Gut auf dem Rücken oder in Taschen verpackt. Nur ich habe ein Zuhause, das auf mich wartete. Die Flüchtlinge hatten das zumindest zum Zeitpunkt der Flucht noch nicht.

7. August 2013 Mittwoch: Burgos – Hornillos

Nach einer guten Nacht im Hotel starteten wir mit dem Taxi in Richtung Tardajos. An allen Pilgern vorbeizufahren und dann mitten in einer Pilgergruppe aus dem Taxi zu steigen, war komisch und wir wollten uns am liebsten verstecken. Das Wetter schlug Kapriolen. Es wechselte von bedeckt bis sonnig mit den dazu passenden Temperaturen, doch der vorhergesagte Regen blieb erst einmal aus. Der Weg war unspektakulär und kurz.

Als wir in Hornillos del Camino bei der Casa Rural ankamen, waren wir viel zu früh dran. Nach einer kurzen Wartezeit kam der Wirt und wir durften eintreten. An der Wand stach uns gleich ein Plakat des Filmes „The Way" ins Auge. Die Originalunterschriften von Martin Sheen, dem Hauptdarsteller, und von Emilio Estevez, dem Regisseur, waren darauf. Der Besitzer der Casa Rural stand mit stolz geschwelgter Brust neben uns und erzählte uns, dass die beiden wichtigen Herren hier bei ihm übernachtet hatten.

Der Ort wirkte wie ausgestorben, es lebten anscheinend nur noch ein paar alte Menschen dort. Unsere Unterkunft war recht schön und sauber, und sie war sogar mit einer Spül- und Waschmaschine sowie einem Wäschetrockner ausgestattet. Wir hatten nur zwei Unterhosen und ein T-Shirt zu waschen, daher lohnten sich die Maschinen für uns nicht.

Mit uns stieg eine französische Familie im Hause ab, der wir schon seit einiger Zeit immer wieder begegneten. Sie waren gut zu erkennen an dem Buggy, in dem sie statt einem Kleinkind einen Teil des Gepäcks transportierten. Sie hatten vier Kinder, wovon drei schon fast erwachsen waren. Der Kleinste war gerade mal sechs Jahre alt. Für ihn hatten sie den Buggy eigentlich mitgenommen, aber er lief lieber. Diese Familie ging alle drei Jahre eine Etappe des Weges. Die erste Etappe waren sie gelaufen, als der Jüngste noch ein Baby war. In drei Jahren wollen sie den Weg bis Santiago vollenden. Den großen Sohn der französischen Familie luden wir zum Essen ein. Während wir unser selbstgekochtes Mahl gemeinsam einnahmen, klopfte es an der Türe. Davor stand Ann-Marie, eine Pilgerin aus New York, triefend nass, denn es ging ein Gewitterschauer herunter. Nach dem Gewitter wurde es kalt und windig. Ich war müde, mich schaffte der nun aufgekommene Wind.

Später, als die Sonne wieder schien, gingen wir durch den Ort und lernten die Wienerin Maria und durch sie das Getränk des Camino kennen: Bier gemischt mit Lemon-Limonade. Es schmeckte sogar mir.

Kurz vor 19.00 Uhr abends war ich so müde, dass ich mich am liebsten schon ins Bett legen wollte. Wir schauten zur Kirche, die offen war, aber es gab keinen Pilgergottesdienst. Ich fror, denn der Wind war kühl. Ich fühlte mich, als ob ich krank werden würde. Wir hofften, dass es am nächsten Morgen wieder etwas wärmer sein würde.

Ab jetzt begann die vielgerühmte und vielgefürchtete Meseta. Die Landschaft war eintöniger als vorher, es gab nur noch abgeerntete Getreidefelder und Wiesen in der völlig flachen Hochebene. Ich glaubte, dass ich nach dieser Pilgerreise kein Kornfeld mehr sehen könnte!

8. August 2013 Donnerstag: Hornillos del Camino – Castrojeriz

Nachdem ich abends noch warm und kalt geduscht hatte, konnte ich super schlafen. Am nächsten Morgen fiel das Aufstehen erneut recht schwer, das Bett war so kuschelig und draußen war es eisig kalt, es hatte gerade mal 8 Grad! Wir zogen erstmals unsere Fleece-Jacken über. Nachts hatte es anscheinend noch einmal geregnet. Aber morgens strahlten wieder die Sterne vom Himmel und zeigten uns den Weg. Dieses frühe Losgehen war einfach wunderschön! Wir mussten noch etwas nach oben steigen, bis wir in eine typische Meseta-Landschaft kamen. Kein Mensch war außer uns schon unterwegs. Doch die Fußspuren im Sand vermittelten jedes Mal erneut ein Gefühl der Geborgenheit unter vielen Tausend Pilgerinnen und Pilgern. Erst bei San Bol begegnete uns eine junge Frau, die gerade die Herberge verließ.

Sonnenaufgang auf dem Weg nach Hontanas

Nach dem nächsten Anstieg kam die Sonne langsam immer höher. Wir sahen ein riesiges Sonnenblumenfeld. Es war richtig rührend anzusehen, wie die Blumen ihre Köpfe gierig in Richtung aufgehender Sonne reckten. Lange, lange gingen wir durch die eintönige Meseta-Landschaft, die nur einmal von einer Landstraße gekreuzt wurde. Irgendwann hieß es: „2 km nach Hontanas." Wir sahen nichts von einem Ort, nur die mattgelben abgeernteten Getreidefelder. Dann kam der Hinweis: „0,5 km nach Hontanas", und wir sahen immer noch nichts. Doch kurz danach nahmen wir eine tiefe Senke wahr, aus der plötzlich eine Kirchturmspitze herausragte. Und schon stiegen wir hinab zum Ort. Bei der sehr hübschen Bar in Hontanas bekamen wir ein spottbilliges Frühstück. Wir saßen draußen, obwohl das Thermometer gerade mal 12 Grad zeigte. Neue Pilger kamen an. Auch ein Paar aus Schwandorf in Niederbayern, was ich leider zu spät registrierte. Die beiden beinahe etwas mürrisch aussehenden Menschen gingen zum Kirchplatz und zogen ihre Jacken aus. Dann gab der Mann der Frau einen herzlichen Kuss – und weiter ging es. So kann man sich täuschen mit der Bewertung „mürrisches Aussehen"! Wo sie herkamen, erfuhren wir erst in Astorga, als wir sie endlich wiedertrafen.

Frühstück in Hontanas

Nach Hontanas war die Landschaft deutlich lieblicher. Der Weg war eng und von Buschwerk und Blumen gesäumt. Das letzte Stück liefen wir entlang der Landstraße, bevor wir nach San Anton, einer Kirchen-Kloster-Ruine kamen. Dort schliefen die Pilger angeblich fast im Freien. Wir konnten aber nicht entdecken, wo das sein sollte, obwohl wir uns diesen Bereich ansahen.

Kurz nach San Anton erblickten wir unser Etappenziel, Castrojeriz. Ein eigentümlicher Ort, der sich wie ein Schal um die Hälfte eines kegelförmigen Berges legte. Viele kleine Gassen, die kreuz und quer durch den Ort führten, brachten einen dazu, sich zu verlaufen. Wir sahen uns direkt am Ortsanfang die Kirche Santa Maria del Manzano an und gingen auf dem Camino durch den Ort. Hier waren die Kirchen geöffnet, aber nur deshalb, weil sie kleine Museen in sich bargen, die kostenpflichtig waren. Auch die Kirche im Ort, „San Juan", kostete 1,-- Euro Eintritt. Wir hofften auf einen Pilgergottesdienst, aber Fehlanzeige! Der Pfarrer reiste hier von Ort zu Ort, so dass jeden Tag woanders eine Messe stattfand.

Auf der Suche nach einem Lebensmittelgeschäft kam uns Maria aus Wien entgegen, die wir in Hornillos kennengelernt hatten. Wir freuten uns, sie hier wiederzutreffen. Auch sie wollte einkaufen, und so schlossen wir uns ihr an. Es ergab sich ein nettes Gespräch, bei dem Maria uns von einer krebskranken Freundin erzählte, die auch den Camino gepilgert war. Dadurch wurde mir noch einmal bewusst, wie belastend die Abendandacht in Tosantos für mich gewesen war, als wir die Fürbitten Fremder hatten vorlesen müssen. Beim persönlichen Kennenlernen die Geschichte des anderen zu erfahren, auch wenn es eine schwere ist, war etwas ganz anderes.

Roland und ich saßen auf der Terrasse der wunderschönen Casa Rural „Veredero" und genossen die unendlich weit erscheinende Aussicht. Veredero war die bisher schönste Casa Rural, die wir kennengelernt hatten und wurde nur noch durch das Hotel „Los Aguendas" in Ventosa getoppt.

Bei mir kamen wieder Gefühle hoch, wie unsicher das Leben war und wie plötzlich man aus der Bahn geworfen werden konnte. Und schon dachte ich wieder an den Arzt, der mir während meiner Erkrankung sehr wichtig gewesen war. Wie es ihm wohl ging? Auch bei mir selbst blieb die Unsicherheit, obwohl ich inzwischen schon ca. 250 km gegangen war und es mir von Tag zu Tag besser ging. Gibt es im Leben überhaupt Sicherheit? Man wünscht es sich, aber es gibt sie wohl nie. Ich wollte so gerne lernen, zu vertrauen. Frau Daberer, die Besitzerin des schon vorher genannten Biohotels, hatte mir etwas Wunderschönes geschrieben, als sie von meiner überstandenen Erkrankung hörte: „Man kann nie tiefer fallen als in Gottes Hand." Das erinnerte mich an das Gedicht von Rainer Maria Rilke „Die Blätter fallen", wo es am Ende heißt, „… wir alle fallen. Doch es gibt Einen, der dieses Fallen unendlich sanft in seinen Händen hält."

Bei unserem Abendspaziergang durch den Ort sahen wir alte Menschen in grotesker Weise aufgereiht, Stuhl an Stuhl, am Straßenrand sitzen. Wie Hühner auf der Stange. Ein bizarres Bild. Eine alte Dame sandte uns Kusshände mit sehr ernstem Gesicht. Was in ihr wohl vorging?

9. August 2013 Freitag: Castrojeriz – Fromista

Eine schlechte Nacht lag hinter mir, obwohl ich zweimal kalt geduscht hatte und mich nach der Methode von Pfarrer Kneipp nass ins Bett legte. Daher war das Aufstehen sehr beschwerlich. Doch der Gang durch die Dunkelheit entschädigte mich für alles! Kurz nach Castrojeriz stieg der Weg ziemlich an. Jedes Mal, wenn ich dachte, wir seien oben, ging der Weg noch einmal nach einer Kurve weiter aufwärts. Aber es war noch einigermaßen erträglich, wir hatten schon steilere Pfade erklommen. Oben angekommen erwartete uns eine wunderbare Aussicht bei einem klaren Sternenhimmel und einem rot und gelb werdenden Horizont. Wir bedauerten sehr, dass es für den Sonnenaufgang noch zu früh war. Hier oben wäre das sicherlich ein großes Erlebnis geworden.

Beim Abstieg sahen wir zum ersten Mal eine Prozentangabe für die Steigung. 28%! Und das war noch nicht so steil, wie wir es anfangs bei der Tour von Puente la Reina nach Cirauqui erlebt hatten. Links und rechts des Weges gab es wieder große Sonnenblumenfelder. Sämtliche Blütenköpfe waren wie vor ein paar Tagen genau nach Osten ausgerichtet, um die ersten Sonnenstrahlen zu empfangen. Diesmal erblickten wir sogar einige grüne Felder, die morgens mit viel Wasser gesprengt wurden. Nach dieser schönen Abwechslung wendete sich das Bild wieder in die abgeernteten Getreidefelder neben uns. Und wenn dann die Gegend mit Bäumen und Sträuchern schöner wurde, gab es sicherlich einen Ort in der Nähe oder wenigstens ein paar Häuser. So auch hier, denn wir erreichten die Alberge „San Nicolas", eine anscheinend sehr schön geführte Herberge. Die Verantwortlichen waren ein italienisches Ehepaar, das mit seinen Kindern und einem großen Hund hier lebte. Die Pilger – so hörten wir später – bekamen bei der Ankunft die Füße gewaschen. Schade, dass wir da nicht bleiben konnten, aber wir waren erst ein paar Kilometer unterwegs.

Wir gingen weiter und überquerten eine sehr alte kleine Brücke. Links sah man das Wasser eines Flusses, der aussah wie ein See mit vielen Schilfinseln darauf. Rechts befand sich Festland, und wir fragten uns, wo der Fluss geblieben war. Doch bei genauerem Hinschauen sahen wir, dass sich der Fluss unterhalb der Brücke in zwei Richtungen aufteilte, so dass man erst nur Festland wahrnahm. An einem dieser Flussläufe gingen wir länger entlang. Es war eine schöne Tour mit vielen schattenspendenden Bäumen.

Kurz vor dem Ort Itero de la Vega war es weniger idyllisch. Eine ungemütliche Herberge mit Café war das erste, was wir zu sehen bekamen. Der ganze Ort machte einen ungepflegten Eindruck. Und so freuten wir uns, nach einem ungemütlichen Frühstück wieder weitergehen zu können. Ein langweiliges Stück Weg führte uns weiter bis zu dem Ort Boadillo del Camino. Dort gab es ein wirklich hübsches Lokal mit einem schönen und sehr gepflegten Garten. Rechts auf einer Steinmauer saß eine alte Dame, von der man glauben konnte, sie wäre eine Statue, denn sie bewegte sich nicht.

Sie war offensichtlich schwer krank. Später wurde sie von dem – übrigens sehr gut Deutsch sprechenden – jungen Wirt ins Haus geleitet. Die Dame musste wohl einen Schlaganfall oder etwas Ähnliches erlitten haben. Auf dem Weg an uns vorbei fing sie an, in gutem Deutsch mit uns zu sprechen. Sie erzählte uns, dass sie aus dem Ruhrgebiet kam, aber nun schon länger hier am Jakobsweg wohnte, den sie in früheren Jahren auch einmal gepilgert war. Ihre Sprache war sehr klar, sie passte gar nicht zu ihrem gebrechlichen Körper.

Mit uns am Tisch saßen Ann-Marie, die wir in Hornillos kennengelernt hatten und Johanna aus Freiburg. Ann-Marie erzählte uns, dass sie bei dem Hurrikan „Sandy" in New York 2012 ihr Lokal verloren hatte und sich nun auf dem Jakobsweg neu orientieren wollte. Die 19-jährige Johanna musste ebenfalls ein schweres Schicksal verarbeiten. Etwa 2 Jahre vor unserem Treffen trat bei ihr eine plötzliche Gesichtslähmung auf. Sie bekam die Diagnose „unheilbarer Gehirntumor" mit einer kurzen Lebenserwartung. Drei Monate später stellte sich das Ganze als Fehldiagnose heraus. Jetzt strotzte sie vor Fröhlichkeit und Gesundheit. Bewundernswert, wie diese junge Frau das alles weggesteckt hatte. Die beiden wollten an diesem Tag weiter gehen als wir, insofern war es unwahrscheinlich, sie wiederzutreffen. Schade.

Schattig ging es zu unserer großen Freude weiter. Große Birken wuchsen am Wegesrand. Später kamen wir an ein Flussufer, das uns bis nach Fromista begleitete. Der Ort sprach uns nicht mehr so an, wie die Orte, die wir bisher durch unsere Übernachtungen kennengelernt hatten. Es gab viele neue Gebäude auf einer weitläufigen Fläche. Und etwas zum Essen bekamen wir hier erst um 19.00 Uhr abends. Es war an diesem Tag sehr heiß, viel zu heiß! Nach unserem Mittagsschlaf ereilte mich wieder einmal das Gefühl, die Augen nicht mehr schließen zu dürfen, um nicht zu sterben. Es war schon eigenartig! Seit 13 Tagen pilgerte ich mit nur einem Ruhetag, hatte bald 300 km geschafft und trotzdem blieb die Unsicherheit in mir, krank sein zu können. Doch mein Körper meinte es gut mit mir. Schmerzen spürte ich nur noch bei Überbeanspruchung, wenn ich an einem Tag mehr als 25 km ging. Ich wollte so gerne loslassen können, mich dem Schicksal anvertrauen, denn ändern konnte ich ja sowieso nichts. Werde ich das noch lernen? Beim Gehen an diesem Tag kamen viele Blitzlichter von früher, Gedanken an meine Geschwister, meine Eltern und viele vergangenen Situationen. Immer wieder suchte ich den Frieden in mir. Zwischendurch schaffte ich das auch schon recht gut. Aber immer wieder begleitete mich meine Unsicherheit.

10. August 2013 Samstag: Fromista – Carrion de los Condes

Diesmal hatte Roland schlecht geschlafen, er litt an Darmproblemen. Ich selbst schlief einigermaßen gut. Die Dunkelheit empfing uns wieder beim Losgehen. Es war ein fürchterlicher Weg! 19 km kerzengerade an der Landstraße entlang! Das einzige Schöne waren die Blumen am Straßenrand. Die Mohnblumen passten sich der Umgebung an und wuchsen als Miniaturblumen. Wegwarten begleiteten uns bereits auf dem ganzen Jakobsweg, aber hier fielen sie besonders auf, weil sie mit ihrer schönen blauen Farbe den Weg erträglicher machten. Alle paar Meter stand ein Betonklotz auf dem Weg mit einer einzementierten Muschel als Wegweiser. Ansonsten gab es keine Abwechslung. Doch, eine Abwechslung gab es noch: Einige LKW-Fahrer bremsten immer wieder neben uns, hupten uns an, kurbelten die Fensterscheiben nach unten und riefen laut „Buen Camino" in unsere Richtung.

Die Bar, auf die wir gehofft hatten, um unser Frühstück einzunehmen, war geschlossen. Nach 13 km erreichten wir endlich ein offenes Lokal, in dem wir uns hungrig über unser Essen hermachten. Etwas gestärkt gingen wir wieder auf dem hässlichen Weg weiter und kamen ziemlich genervt in Carrion de los Condes an. Unterwegs hielten wir uns unsere Stimmung damit einigermaßen aufrecht, indem wir uns alle möglichen lustigen Begebenheiten überlegten. So erinnerten wir uns an eine Geschichte aus Amerika, bei der ein Schwein auf sein schwerkrankes „Frauchen" aufmerksam machte: Es legte sich rücklings, alle Viere von sich gestreckt, auf die Landstraße. Als endlich ein Autofahrer anhielt, sprang es auf die Beine und lief geradewegs ins Zimmer zu der kranken Frau. Der Mann folgte, um nachzufragen, was das für ein merkwürdiges Schwein war. Und so bekam die Kranke rechtzeitig Hilfe. Wir malten uns aus, was passieren würde, wenn sich einer von uns in dieser Weise auf die Straße legen würde, um eine Mitfahrgelegenheit für uns beide müden Pilger zu bekommen. Aber weder Roland noch ich wollten uns opfern.

Nach der Ankunft in Carrion de los Condes suchten wir eine Herberge von Klosterfrauen auf, die angeblich recht schön sein sollte. Doch sie war sehr anonym, kalt und groß. Es gab einen riesigen Innenhof, auf dessen betoniertem Untergrund nicht eine einzige Pflanze stand. Ein paar wenige Tische und Stühle luden absolut nicht zum Sitzen ein. Die Klosterschwestern blieben für uns unsichtbar, sie lebten in einem abgeschlossenen Teil des großen Hauses. Bei der Verteilung der Betten stürmten die Spanier zu den Fensterplätzen. Wir nahmen deshalb notgedrungen mit zwei Betten neben der Türe vorlieb. Die Schlaflager sahen einladend aus, weiß bezogene Kopfkissen und Zudecken, darüber bunte Tagesdecken. Doch am nächsten Tag sollten wir mitbekommen, was wirklich war …

Um 17.00 Uhr wollte Roland sich noch einmal hinlegen, die Darmprobleme machten ihm zu schaffen. Da kamen bei mir unvermittelt die Tränen. Ich erinnerte mich daran, wie ich als 9-jähriges Kind nach dem Ferienlager in einem Kinderheim auf meine Eltern warten musste, weil sie mich nicht rechtzeitig abholen konnten. Damals war die Atmosphäre ähnlich steril gewesen wie hier in der Herberge.

Später gingen wir noch einmal in die Stadt. Plötzlich gab es dort Leben, einen offenen Supermarkt, und die nette Dame von der Touristeninformation war auch wieder da. Wir hatten uns dazu entschlossen, am nächsten Tag mit dem Taxi nach Sahagun zu fahren, um von dort aus den Zug nach Leon zu nehmen. Die Tour neben der Landstraße wollte ich nicht mehr machen. Mein Körper war durch die notwendige Chemotherapie genug gequält worden. Ich musste ihm die Auspuffgase der vielen Autos nicht auch noch zumuten. Wir trafen Maria aus Wien in der Stadt, die sich überlegte, mit uns zu fahren, es aber dann doch wieder verwarf.

Und dann kam das absolute Highlight des Tages: Die Pilgermesse. Eine solch schöne Messe hatten wir auf dem ganzen Weg noch nicht erlebt. Die Klosterfrauen begleiteten den Gottesdienst mit wunderschönen Gesängen. Und wir erhielten einen Pilgersegen der besonderen Art. Der Priester übersetzte vieles auf Englisch und bat am Ende des Gottesdienstes alle Pilgerinnen und Pilger nach vorne. Dort legte er jedem Einzelnen die Hände auf den Kopf und machte allen ein Kreuzzeichen auf die Stirn. Und das alles gepaart mit einer unbeschreiblichen Warmherzigkeit. Das tat mir an diesem Tag ganz besonders gut! So wendete sich an diesem Tag das Blatt auf wundersame Weise.

Zurück in der Herberge setzte ich mich an einen der ungemütlichen Tische im Freien, um meine Tagebuchaufzeichnungen zu machen. Ich schaute gedankenverloren nach oben und sah auf dem Kirchturm ein Nest mit einem Storch darin. Plötzlich kam ein zweiter angeflogen, setzte sich zu dem einen. Die beiden begrüßten sich in liebevoller Weise, warfen ihre Köpfe nach hinten und schnatterten wie die Wilden. Was die sich wohl alles zu erzählen hatten? Ein so schönes Bild!

Am späteren Abend konnten wir beide ganz in Ruhe schlafen gehen, ohne noch hektisch packen zu müssen. Denn das erledigten wir am nächsten Morgen, als alle weg waren. Die Unterbrechung der

Pilgerreise tat uns gut. Die Nacht mit den 10 weiteren Personen im Schlafsaal war unangenehm. Es war stickig und heiß. Als ich darum bat, die Fenster zu öffnen, kam mir ein entsetztes „too cold" entgegen. So öffnete ich wenigstens die Türe, um nicht ganz ersticken zu müssen.

11. August 2013 Sonntag: Carrion de los Condes – Leon

Am nächsten Morgen sahen wir entspannt im Bett liegend den anderen zu, wie sie ihre Rucksäcke packten und sich langsam auf den Weg machten. Erst anschließend gingen wir ins Bad. Und kamen leider rechtzeitig zum Bettenmachen zurück. Wir dachten, alles würde wieder neu bezogen. Mitnichten! Die dafür zuständige Dame hatte so etwas Ähnliches wie eine Fusselbürste in der Hand. Mit der glättete sie die Kopfkissen, zog die Zudecken glatt – und legte die Tagesdecken wieder darüber! Wer weiß, wie lange die das schon machten. Wahrscheinlich musste man erst Flecken sehen! Ein Glück, dass wir das nicht vorher gewusst hatten.

Wir gönnten uns ein gutes Frühstück im besten Restaurant des Ortes und warteten dort auf unser Taxi. Die Fahrt nach Sahagun war sehr gemütlich und kostete für die ca. 40 km 40,-- Euro. Die Taxifahrer in Spanien hatten anscheinend häufig einen sehr ruhigen Fahrstil. Es kam während dieser und auch bei den vergangenen Taxifahrten kein einziges Mal zu hektischen Situationen. In Sahagun am Bahnhof angekommen, erfuhren wir, dass der nächste Zug nach Leon um ca. 13.00 Uhr abfahren würde. So hatten wir noch einige Stunden Zeit, um uns Sahagun anzusehen. In einem Café trafen wir eine Ungarin wieder, die in Spanien lebt und die wir in Granon kennengelernt hatten. Für sie war hier die Pilgerreise zu Ende, nachts ging ihr Zug nach Barcelona zurück. Auch kamen wir mit einem Paar ins Gespräch, er aus Bayern, sie aus der Schweiz. Beide waren von zu Hause aus losgepilgert. Der Mann erfüllte sich damit nach seiner Pensionierung einen Traum. Denn er hatte, wie er erzählte, einen recht anstrengenden Job gehabt, er war höherer Staatsbeamter.

Die Zugfahrt nach Leon, ca. 50 km, kostete für uns beide zusammen gerade mal 11,50 Euro. In Leon wollten wir gerne in einem schönen Hotel namens „Centro" unterkommen, von dem wir im Reiseführer gelesen hatten. Leider war es voll belegt. So nahmen wir mit dem 3-Sterne-Hotel „Paris" vorlieb, das einigermaßen in Ordnung war. Wir wollten hier für zwei Nächte bleiben, deshalb kam eine Herberge nicht in Frage, da man dort immer nur eine Nacht verbringen durfte, außer man war krank. Zum Glück bekamen wir ein Zimmer mit Fenster zum Innenhof zugeteilt, denn nach unseren Erfahrungen würde der Lärm der Nacht erst in den Morgenstunden versiegen.

Um unseren „Sello", den Pilgerstempel im Pilgerausweis, zu bekommen, gingen wir zur öffentlichen Herberge. Dort begegneten wir seit langem mal wieder Deutschen und einem österreichischen Paar. Alle gingen natürlich am nächsten Morgen weiter, und so haben wir leider keinen von ihnen wiedergesehen. Auch wanderten viele Pilger längere Strecken pro Tag als wir. Für mich waren 23 km absolut genug. Jeden weiteren Kilometer bekam ich zu spüren. Und so mussten wir hinnehmen, die meisten Menschen nur einmal auf dem Weg zu treffen. Auch Jimmy wären wir gerne wieder begegnet. Aber so ist der Camino. Man trifft sich und geht wieder auseinander.

Meine Stimmung hatte sich durch den schönen Pilgersegen am Vortag deutlich verbessert. Ich fühlte mich recht ausgeglichen und freute mich auf einen ruhigen Tag in Leon. Während der Pilgermesse in der Kathedrale sahen wir die nette Italienerin wieder, die wir in Logrono in der Pension kennengelernt hatten. Sie wurde inzwischen von ihrem Mann und ihrem Stiefsohn begleitet. Alle waren wohl schneller auf dem Weg als wir oder fuhren auch mal öffentlich. Doch was sollte es? Ehrgeiz war hier fehl am Platze. Jeder Mensch hatte seinen individuellen Weg. Wir sprachen mit einem älteren italienischen Paar. Die beiden gingen den Jakobsweg nun schon zum 10. Mal! Die Frau konnte nach dem ersten Mal nicht mehr loslassen, und so gingen die beiden den gesamten Weg jedes Jahr aufs Neue.

Es war schön, das abendliche Leben in Spanien zu erleben. Tagsüber waren die Orte wie ausgestorben. Abends kamen alle plötzlich aus ihren Wohnungen, schön zurechtgemacht. Die kleinen Mädchen trugen Schleifen in ihren Haaren, und die Jungen waren in schmucke Hemden gekleidet. Und alle trafen sich in den Straßenlokalen am großen Platz. Die Kinder spielten und die Erwachsenen unterhielten sich und aßen miteinander. Auch die kleinsten Kinder in den Kinderwägen wurden mitgenommen und schliefen in ihren Kissen bis spät in die Nacht auf dem Platz. Zum Glück konnten wir am nächsten Morgen ausschlafen, und so genossen wir hier auch mal das nächtliche Leben.

12. August 2013 Montag: Leon

Dieser Tag war Ruhetag. Roland plagten immer noch die Darmstörungen. Mir war es ein paar Tage vorher auch etwas übel gewesen, aber jetzt ging es wieder. Während wir die Kathedrale von Leon besichtigten, ging draußen ein Gewitterregen herunter. Es sah immer noch nach Unwetter aus. Wir hofften, dass es am nächsten Tag wieder besser sein würde, denn die klare Luft nach einem Gewitter ist ja immer angenehm. Die letzten beiden Tage waren richtig heiß gewesen. Auch die Nordspanier waren die Hitze, die in diesem Jahr herrschte, nicht gewohnt. Mein Husten, den ich seit Tagen mit mir herumzog, nervte mich. Zu Beginn der Diagnose hatte ich zwei Punkte auf der Lunge, die beobachtet wurden. Aber nachdem sie sich während der Chemo und Bestrahlung nicht veränderten, gingen die Ärzte davon aus, dass sie unspektakulär sind. Aber irgendwie blieb immer ein blödes Gefühl zurück. Doch warum sollte ich denn mit den guten Blutwerten plötzlich Lungenmetastasen bekommen? Wahrscheinlich hatte ich mich etwas erkältet, oder der viele Staub auf den Wegen reizte meine trockenen Schleimhäute. Es war nicht einfach, diesen Weg zu gehen, zu wissen, dass es in schwierigen Situationen bestenfalls Hilfe von „Oben" geben könnte! Ich durfte, ich MUSSTE vertrauen lernen!

Pausentag in Leon

Wir erledigten an unserem freien Tag einige profane Dinge. Ich brauchte eine neue Bluse, denn meine geliebte Seidenbluse war leider gerissen, was ich sehr, sehr schade fand. Schon alleine deshalb, weil meine Tochter Catrin sie für mich ausgesucht hatte. Auch brauchten wir Geld. Einen Bankautomaten zu finden, war kein leichtes Unterfangen. Erst nach einigem Suchen und Fragen fanden wir einen, was uns einen langen Fußmarsch in der Mittagshitze durch die Stadt bescherte. Umso nötiger war der anschließende Mittagsschlaf.

Die Pilgermesse abends verlief im Zeitraffer und ohne Pilgersegen. Schade! Welch unterschiedliche Priester es doch auf dem Weg gab. So schön, wie in Carrion de los Condes war es noch nirgends gewesen. Es kam eine Spanierin auf uns zu, die uns eigentlich weit überholt hatte. Sie war freudig überrascht, uns zu sehen. Wir gestanden ihr, dass wir einen großen Teil gefahren waren. Am nächsten Tag hatten wir wieder 20 km Pilgerweg neben der Landstraße zu bewältigen. Naja, zum Eingewöhnen nach den zwei Tagen Pause vielleicht auch nicht so schlecht.

13. August 2013 Dienstag: Leon – Hospital de Orbigo

Um 5.55 Uhr starteten wir und kamen noch einmal an der nächtlichen Leoneser Kathedrale vorbei. In dieser Dunkelheit strahlte das beeindruckende und mächtige Gotteshaus eine Ruhe aus, die uns für unseren Weg stärkte. Die Strecke aus Leon heraus war lang, sie dauerte 1 Stunde und 20 Minuten! Wir gingen immer an der Autostraße und neben einem Gewirr von Autobahnauf- und -abfahrten entlang. Ein langer Weg führte uns unter der Autobahn hindurch. Beinahe wären wir am Ende des Tunnels in die falsche Richtung gelaufen, es ging unvermutet nach rechts ab. Der Weg an den Autostraßen war nervig. Viel Verkehr rauschte an uns vorbei.

Bis San Miguel, dem ersten annehmbaren Lokal, hielt ich noch durch. Mein Husten war weiterhin da, und so beschlossen wir, mit dem Bus ca. 11 km zu fahren. Ich wollte meinen Körper – vor allem meine Lungen – schonen. Die Busfahrt hatte auch etwas Gutes, denn so kamen wir von San Martin, wo wir aus dem Bus ausstiegen, an diesem Tag noch bis nach Hospital de Orbigo. Es ging zwar weiterhin an der Hauptstraße entlang, aber der Verkehr ließ um die Mittagszeit etwas nach. Und dann wurde der Weg direkt verwunschen! Sehr eng, dicht bewachsen, führte er uns ein gutes Stück weiter.

Endlich erreichten wir Hospital de Orbigo. Die Hitze um die Mittagszeit machte uns zu schaffen, so freuten wir uns über die erste Bar, die sehr einladend aussah und uns einen schönen Schattenplatz bot. Wir ließen uns eine Tortilla schmecken. Der Ortsanfang war sehr schön, ganz anders als die letzten Tage. Eine Kirche beherbergte auf ihren beiden Türmen gleich vier Storchennester. Und nach der Stärkung durften wir über die längste und älteste Römerbrücke von ganz Spanien gehen.

Römerbrücke in Hospital de Orbigo

Wir suchten die Pension B&B (Bed and Breakfast) auf, die uns sofort für alle Strapazen entschädigte. Hinter dem großen Eingangstor erwartete uns ein äußerst geschmackvoll eingerichtetes Haus mit einem wunderschönen Innenhof. Wir wurden von den sehr sympathischen Besitzern, einem jungen Ehepaar, begrüßt und eingelassen. Alles stimmte hier zusammen. Um den sehr gepflegten Innenhof schloss sich das Vierkanthaus. Das Zimmer war liebevoll gestaltet, ebenso das Badezimmer. Wir bekamen zwei Zahnbürsten, Duschmittel, Haarwaschmittel und einen hölzernen Kamm geschenkt, alles aus natürlichen Materialien. Nach einer Dusche legten wir uns zur Mittagspause schlafen, während die Dame des Hauses sich um unsere Wäsche kümmerte. Welch Luxus! Nach über zwei Stunden erst wachten wir wieder auf. Ich war noch sehr wohlig müde und entspannt. Und genau da erwischte es mich wieder. Ich konnte das Entspannt sein kaum genießen, denn ich fühlte mich sofort wieder dem Tod nahe. Zum Glück kamen gleich die Tränen, was mich wieder etwas löste.

Nach so einer Krankheit kommt anscheinend bei vielen eine angespannte Euphorie nach dem Motto: „Mir geht es super", „Der Arzt hat gesagt, an dieser Krankheit werde ich nicht sterben", „Ich gehe nicht zur Anschlussheilbehandlung, denn ich möchte nicht mehr mit der Krebskrankheit konfrontiert werden" usw. Ich hatte das von einigen Frauen gehört, die ganz überrascht waren, dass ich die Anschlussheilbehandlung in Anspruch nahm. Aber auch die Umwelt wollte hören, dass es einem wieder gut ging. Und so kommt die Verarbeitung des Schocks oft viel zu kurz. Denn es ist ein Schock, der so etwas Ähnliches wie eine Posttraumatische Belastungsstörung (PTBS) nach sich zieht. Man wird durch die Behandlung der Krankheit erst krank, vorher hatte ich mich eigentlich ganz gesund gefühlt. Dann hieß es durchhalten, überleben, ein dreiviertel Jahr lang. Und danach sollte alles, musste alles weg sein. Auch die Gefühle. Nur wieder ins normale Leben zurück! Aber dieses dreiviertel Jahr Behandlung ließ sich nicht einfach wegschieben. Ich musste mich dem stellen. Auch wenn es mir tatsächlich rein objektiv gesehen relativ gut ging. Subjektiv nahm ich jede Störung, wie Schwindel, Darmprobleme, jeden Schmerz usw. als bedrohlich wahr. Ich konnte das nicht alles wegwischen wie von einer Schultafel. Da hätte ich mich selbst belogen. Die Umwelt wollte nichts mehr davon hören und Roland konnte ich nicht dauernd damit belasten. Also hatte ich die Aufgabe, für mich alleine Wege zu finden, das zu verarbeiten und in mein Leben zu integrieren. Es gehörte nun mal dazu. Die Frage nach dem „Warum?" stellte sich nicht. Es ging mir mehr darum, das „Wofür?" erkennen zu können. Und so war ich in vielerlei Hinsicht auf dem Weg.

In einer Herberge sah eine junge Berlinerin meine operierte Brust und verstieg sich zu einem erschrockenen „Iih!" Dabei fand ich meine Brust ganz in Ordnung. Aber mein Gefühl von Selbstverständlichkeit und Offenheit für meinen Körper war noch gestört. Ich musste neue Wege finden, auch mit Roland.

Ja, so war das, es kam auf diesem Weg immer wieder etwas hoch. Und so genoss ich jedes Mal die Ruhe und meditative Entspannung in der Kirche bei der Pilgermesse – und hier die wunderbare Pension mit dem extra für uns gekochten vegetarischen Essen. Während des von der Pensionsinhaberin liebevoll bereiteten Mahls mit Kerzenlicht im Innenhof flog eine Fledermaus um uns herum.

14. August 2013 Mittwoch: Hospital de Orbigo – Astorga

Müde, müde, müde … An diesem Morgen wäre ich wieder gerne im Bett liegen geblieben. Um 6.00 Uhr gingen wir los. Der Weg durch den Ort war kurz. Danach umfing uns erst mal wieder die Dunkelheit. Wir sahen Sternschnuppen und wünschten uns etwas. In einem kleinen Ort unterwegs kamen wir an eine verwaiste Herberge. Da ich zur Toilette musste, gingen wir einfach hinein. Die Türe stand offen. Im Flur saß eine winzig kleine Katze ganz alleine auf einer Anrichte. Sie schaute uns mit ihren großen Augen an und gab keinen Laut von sich. Hoffentlich wurde sie versorgt. Beim Weitergehen begegneten wir zum ersten Mal einem unbeaufsichtigten, sehr großen Hund. Als wir vorbeigingen, stand er auf und folgte uns kurz. Ich versuchte, meine Panik zu unterdrücken. Zum Glück war der Hund recht gutmütig, ging zurück und setzte sich, ohne zu Bellen, wieder auf seinen alten Platz.

Am Ende des Ortes standen eine ganze Menge Tiertransporter, jeweils mit einem kleinen, eingezäunten Vorplatz. In jedem dieser Behälter war ein frisch geborenes Kalb. Es stimmte mich traurig, ansehen zu müssen, wie diese winzigen Wesen ganz alleine da draußen standen, getrennt von ihren Müttern. Warum greifen wir Menschen so in den natürlichen Ablauf ein? Die Kälber müssten eigentlich von ihren Müttern noch einige Zeit gesäugt werden.

Langsam führte uns der Weg nach oben. Der Sonnenaufgang zeichnete sich durch die Röte am Himmel ab. Leider pilgerten wir dann wieder nach unten, so dass wir die aufsteigende Sonne nicht direkt bewundern konnten. Doch plötzlich stand die rote Sonne in ihrer vollen Größe über dem Hügel. Wir waren tief beeindruckt. Ein junger Mann überholte uns und ging einfach weiter, ohne zu der prachtvollen Sonne zurückzusehen. Der Weg gestaltete sich sehr idyllisch. Und wir gingen noch ganz alleine. Es war immer wieder mystisch, wie wir jeden Tag in Richtung Dunkelheit wanderten. Hinter uns wurde es langsam hell, doch wir gingen weiter ins Dunkel. Plötzlich schwappte das Helle über uns, es holte uns ein und überholte uns und ließ vor unseren Augen die schöne Natur erstrahlen. Die Natur war hier sehr eigen. Ginster, Laubbäume und lehmige Steilhänge, in denen Schwalben lebten, lagen auf unserem Weg. Wir sahen Kaninchen, die sich vor einem Steilhang angesiedelt hatten. Als sehr interessant erlebten wir auch die Ameisen, die es hier in großer Menge gab. Sie sammelten emsig unter dauernder Lebensgefahr die Blütenreste vom Weg. Diese legten sie in großer Menge rund um den Eingang ihres Nestes, so dass es aussah, als lägen einige Gugelhupfe auf dem Weg, ganz gleichmäßig rund und hoch.

Aber dann, nach einiger Zeit – wir waren beide etwas genervt, weil wir bis jetzt auf unseren Morgentee hatten verzichten müssen – kam das „Highlight". Mitten auf freiem Feld, an eine Scheune gelehnt, befand sich der Lebensraum von David, einem spanischen Aussteiger. Er lebte im Sommer ganz hier draußen und hatte es sich zur Aufgabe gemacht, für die Pilger zu sorgen. An seinem kleinen Stand gab es jede Menge Bio-Teesorten, daneben Thermoskannen mit heißem Wasser aus dem besten Mineralwasser, das man hier bekommen konnte, so dass sich jede Pilgerin, jeder Pilger hier den Tee selbst zubereiten konnte. Auch Bananen lagen herum zur freien Bedienung.

Stand vom Aussteiger David vor Astorga

In seiner Hängematte sitzend und sich die Fußnägel schneidend teilte David uns seine Lebensphilosophie mit, nicht immer nur an sich selbst zu denken und für sich alleine zu sorgen. Wir Menschen haben seiner Ansicht nach füreinander da zu sein. Alle Seminare, die überall angeboten werden, nützen nichts, wenn wir das dort gelernte nicht praktizieren und leben. Eine interessante Begegnung. Der Mann lebte ganz alleine da draußen, ohne fließendes Wasser und Strom und war dabei trotzdem sehr gepflegt. Wir erfuhren nicht, wie er das anstellte. Mit einer herzlichen Umarmung verabschiedeten wir uns und legten selbstverständlich einen angemessenen Obolus in die bereitstehende Schale.

Es ging weiter nach unten ins Tal, Richtung Astorga. Wir fanden dort keine vernünftigen Pensionen und Hotels. Eine Pension sah von außen recht ansprechend aus. Wir gingen hinein und wurden aufgefordert, kurz zu warten. In dieser Wartezeit sahen wir immer wieder ältere Menschen aus den Zimmern kommen. Wir waren in einer Seniorenresidenz gelandet! Doch wir hätten sogar ein Zimmer mieten können. Da dieses aber sehr ungemütlich war, beschlossen wir, wieder einmal in einer Herberge zu nächtigen. Dort bot man uns ein 22-Betten-Zimmer an. Ich streikte! Das war einfach zu viel! Mit einem Mal zog der junge Hospitalero einen Schlüssel aus der Tasche und schloss ein Vierbettzimmer auf. Es ging also doch! Und so teilte ich diese Nacht den Raum mit drei Männern, meinem eigenen und zwei fremden. Später sahen wir, dass es sogar noch Doppelzimmer gegeben hätte.

Der Ort war interessant, aber die spätgotische Kathedrale „Santa Maria" konnten wir nur durch das Museum mit Eintrittspreis betreten. Da hatte ich schon gar keine Lust mehr auf eine eventuelle Pilgermesse, die es aber sowieso nicht gab, wie wir später erfuhren. Wir bezahlten den Eintritt und schauten uns die Kathedrale und das Museum an. Dort trafen wir zu unserer Freude auf das bayerische Ehepaar, das wir in Hontanas kurz getroffen hatten. Wir sprachen die beiden an und erfuhren, dass sie aus dem niederbayerischen Schwandorf kamen, von wo aus sie auch vor drei Monaten gestartet waren. Nach der Kathedrale besichtigten wir den Bischofspalast des Architekten Gaudi. Er wirkte von außen beinahe wie ein Gebäude aus einem Disney-Film. Es war ein eigentümliches, sehr sehenswertes Gebäude.

Bischofspalast von A. Gaudi in Astorga

Gegen Abend überfiel uns eine große Müdigkeit, doch wir mussten noch einkaufen. Ann-Marie aus New York begegnete uns. Auch sie war müde und wollte am nächsten Tag pausieren. Ja, der Weg war anstrengend. Man musste ihn wirklich gehen wollen, sonst würde man es sicherlich nicht durchhalten. Übrigens hatte David uns erzählt, dass es die meisten (auch deutsche) Pilger im Mai/Juni und September gibt. Nicht so, wie es oft geschrieben wird, im Sommer.

15. August 2013 Donnerstag: Astorga – Rabanal

Die Nacht verlief einigermaßen ruhig, hätte aber besser sein können. Aber ich beschloss, nicht mehr in einer Herberge zu nächtigen, was ich aber nicht einhalten konnte, wie sich später herausstellen würde. Es war mir jedes Mal zu umtriebig und zu laut. Dafür fiel allerdings das Aufstehen leichter. Um 10 Minuten vor 6.00 Uhr waren wir wieder auf der „Piste". Es dauerte noch einige Zeit, bis wir durch

Astorga durch waren. An diesem Morgen war ich schlecht gelaunt. Alles und alle regten mich auf, besonders die „Lichtgeher", die Stirnlampenträger, obwohl ich schon einige Male froh darüber gewesen war, wenn wir unsere Taschenlampe mal wieder im Rucksack ganz unten verstaut hatten. Das Lästern über andere hatte immer mit meiner eigenen Stimmung zu tun, die anderen waren nur Ventil. Unsere Augen gewöhnten sich immer schneller an die Dunkelheit. Wir legten ein schnelles Tempo vor, um alle zu überholen, was ich später sehr zu bereuen hatte.

Noch bei Dunkelheit erreichten wir den nächsten Ort; zu früh, um eine Frühstückspause einzulegen. Aber aufs Klo wollte ich und ging einfach in eine Bar. Es gab eine Toilette ohne Fenster und Licht! Ich musste alles ertasten. Als ich herauskam, empfing mich die Bar-Besitzerin gleich mit den Worten „50 Cent please" und weiter klärte sie mich auf Englisch auf, dass für Toilettengänge die Herbergen aufzusuchen seien. Ich wies sie darauf hin, dass es kein Licht im Klo gab und sie erwiderte, dass das Absicht sei, weil die Leute immer vergessen würden, das Licht wieder zu löschen. Das Ganze verbesserte meine Stimmung natürlich nicht. Draußen war „high life" durch Jugendliche, die anscheinend die ganze Nacht durch Party gefeiert hatten. Die meisten waren sehr betrunken und pöbelten uns an.

Versöhnt wurde ich durch einen erhebenden Sonnenaufgang. Dunkelrot stieg sie an diesem hohen Festtag, Maria Himmelfahrt, empor. Ein für mich jedes Mal sehr spiritueller Vorgang, der sich jeden Tag etwas anders gestaltete. Der Weg führte uns geradeaus neben der Landstraße entlang, die wegen des heutigen Feiertages kaum befahren war. Ein idyllischer Pfad leitete uns dann nach Santa Catalina de Somoza zum ersehnten Frühstück. Heute waren sehr viele Pilger mit uns gemeinsam unterwegs.

Die Landstraße neben unserem Weg war zum Glück eine kleine, insofern war es nicht schlimm, an ihr entlang gehen zu müssen. Die Natur gestaltete sich wieder sehr vielseitig, kleine Wälder, Büsche und vor allem Ginster gab es am Wegrand zu sehen. Der Weg stieg stetig leicht an. Man sah es kaum, aber wir spürten es.

In El Ganzo kamen wir an einer sehr alten, kleinen Kirche vorbei – und hatten Glück, sie war geöffnet! Eine alte Dame richtete gerade in gebückter Haltung die Marienstatue für den großen Feiertag – die Marienverehrung wird in Spanien sehr groß geschrieben – und so konnten wir hinein gehen. Es war sehr anrührend zu erleben, wie diese alte Frau mit gekrümmtem Rücken und kaputten Beinen trotzdem für ihren Glauben keine Mühen scheute, und sich um die kirchlichen Angelegenheiten kümmerte. Sie winkte uns beim Hinausgehen zu sich heran und schloss für uns einen Nebentrakt der Kirche auf, in dem eine segnende Christusfigur am Altar stand. Das berührte unser Herz, und wir waren sehr dankbar für diese Aufmerksamkeit.

Nun wurden wir hauptsächlich an der Straße weitergeleitet. Zwei Kilometer vor Rabanal verließen wir die Landstraße und erreichten einen recht verwunschenen Weg. Endlich tauchte Rabanal direkt vor uns auf. Gesehen hatten wir den Ort schon vor knapp einer Stunde, dann war er wieder verschwunden. Und in Rabanal hieß es erneut „bergsteigen"! Am Ortsbeginn gab es wieder eine Kirche, die als Museum diente, um Geld einnehmen zu können. Wir besichtigten sie trotzdem. Unsere Unterkunft lag ganz oben im Ort. Das hatte den einzigen Vorteil, dass wir am nächsten Tag keinen Anstieg mehr hatten. Doch der steile Weg um die Mittagszeit war eine echte Herausforderung! Das Gotteshaus der Benediktiner, die sich hier um die Pilger kümmerten, lag knapp unter unserem Hotel, so war es nicht weit zur Pilgermesse.

Der Aufstieg schaffte mich total und ich wollte mich nur noch hinlegen. Alles war bei der hohen Temperatur dieses Tages durchgeschwitzt. Trotz Müdigkeit konnte ich nicht einschlafen. Ich beneidete Roland, der sich hinlegte und direkt ins Land der Träume versank. Meine Beine taten ziemlich weh. Roland massierte sie mir nach dem Wachwerden. Auch meine linke Fußsohle, die mir seit Tagen schon im vorderen Bereich ziemliche Schmerzen verursachte, war wieder stark irritiert. Es war schon erstaunlich, wie ich mit gefühlt 100%iger Treffsicherheit jeden spitzen Stein haargenau mit dieser schmerzenden Stelle traf. Rechts spürte ich beim Gehen nie etwas durch die Schuhsohle, nur links. Meine Laune hob das nicht gerade. Der schöne Mittagsschlaf fehlte mir. Nun mussten wir Wäsche waschen und gingen anschließend zum Essen. Die wirklich schöne Unterkunft „La Posada de Caspar" erfreute mein Herz, und das Essen war gut.

In der Kirche gab es um 19.00 Uhr eine Feier, die ganz eigen war: nur mit Gesang der vier Benediktiner-Mönche, die hier oben in einer kleinen Gemeinschaft leben. Deren Herberge hatte ein Retreat, in dem man einige Tage verweilen konnte. Im Klosterladen kamen wir mit einem der Mönche ins Gespräch. Als ich ihn fragte, ob er Deutsch spreche, antwortete er, „besser bayrisch". Wir kamen ins Gespräch und er erzählte uns, dass er aus Waging in Oberbayern stammt. Das ist ganz in der Nähe meiner Heimatstadt Burghausen. Der Pater wollte mir weißmachen, dass Waging östlicher läge als Burghausen. Naja, er war halt schon lange von dort weg. Draußen trafen wir einen spanischen Mönch, der auch sehr gut Deutsch sprach, da er lange im Kloster St. Otilien bei München gelebt hatte. Von ihm erfuhren wir, dass es erst nach der 21.00 Uhr Messe einen Pilgersegen gab. Das war mir zu spät, um diese Zeit wollte ich gerne schon im Bett liegen. Als er hörte, dass ich kurz vor der Pilgerreise an Krebs erkrankt war, erhielt ich von ihm direkt einen Pilgersegen mit Kreuzzeichen auf meiner Stirn. Ich war tief gerührt. Wir kamen ins Gespräch und er erzählte uns, dass er Musik studiert hatte, und zwar Klavier und Komposition. Zu dem Gespräch gesellte sich Doris aus der Schweiz, die wir hier wieder trafen. Auch Ann-Marie aus New York und das Ehepaar aus Schwandorf nächtigten in der gleichen Unterkunft wie wir. Abends wurde unterhalb des Ortes noch eine Fiesta abgehalten. Wir hofften, dass unser Schlaf nicht zu sehr gestört würde.

Morgens erteilte mir das Leben wieder eine Lektion. Als wir in der Früh aus dem Ort herausgingen, erlebte ich Folgendes: Die Laternen an der Straße erhellten den Weg. Aber unterbrochen wurde die Helligkeit durch den Schatten der großen Bäume. Ich war gewillt, nur ins Helle zu blicken und hätte beinahe an den dunklen Stellen einige Schwellen übersehen. Ich erinnerte mich an die Geschichte des Mullahs Nasrudin: Er gab vor, seine Schlüssel verloren zu haben. Es war dunkel, und die Nachbarn halfen ihm suchen. Alle, einschließlich Nasrudin, suchten im Bereich der Straßenlampe. Nach einiger Zeit des Suchens fragte einer der Mitsuchenden Nasrudin, wo er denn seine Schlüssel verloren habe, er zeigte ins Dunkle. „Und warum suchen wir hier?" fragte der Nachbar. „Weil es hier hell ist", war Nasrudins Antwort.

16. August 2013 Freitag: Rabanal – El Acebo

Wir starteten so spät wie noch nie, um 6.30 Uhr. Wir nahmen Abschied von Rabanal, einem sehr schönen Ort. Da wäre ich gerne noch geblieben. Allerdings hatten wir am Abend davor die Sorge, ob es eine gute Nachtruhe geben würde, da um 22.00 Uhr Menschen mit Musik und Kastagnetten den Ort heraufkamen und genau unter unserem Fenster Halt machten und weiterspielten. Aber bald darauf zogen sie weiter und uns umfing eine herrliche Ruhe.

Wieder regten mich die „Lichtgeher" auf. Aber es eröffnete sich uns eine wunderbare Strecke, die schönste bis dahin. Es ging bergauf, aber nicht anstrengend. Eine abwechslungsreiche Vegetation fand sich am Wegesrand. Ziemlich weit oben drehte ich mich, wie von einer Eingebung geführt, nach Osten um. Dort war ein Bild am Himmel zu sehen, wie es meine hochspirituelle Nichte Eva, die schwerst körperbehindert war und schon früh gestorben ist, gemalt hatte: Unten im Tal der Ort Rabanal, nur durch einzelne Lichtpunkte erkennbar. Darüber erst der dunkle Nachthimmel, dann ein Streifen Rot und Gelb, darüber eine zart weiße, langgezogene Wolke, die aussah wie ein fliegender Engel. Kurz darauf ging die Sonne auf! Ein herrliches Bild! Eine glutrote Sonne vor dunklem Himmel! Wir konnten nicht anders und fotografierten wieder einmal den Sonnenaufgang.

Das Cruz de Hiero rückte immer näher. Und die Landstraße verlief weiterhin direkt neben dem Pilgerweg. Als wir ankamen, wurden wir recht ernüchtert, denn das Cruz steht direkt neben dieser Straße! Aber wir hatten noch Glück, dass sich das Personenaufkommen in Grenzen hielt. Denn wir hörten später, dass zu bestimmten Zeiten Busse voll mit Menschen dorthin gefahren werden. Wir jedoch konnten ganz alleine miteinander am Cruz de Hiero stehen und uns von Mitpilgern fotografieren lassen. Unsere von zu Hause mitgebrachten Steine legten wir sinnbildlich für die mitgebrachte „Last" etwas unterhalb des Kreuzes in einem immergrünen Busch ab, denn der staubige Hügel schien uns nicht geeignet dazu. Unterhalb des Sandhaufens auf der Wiese standen einige offene Hütten als Unterschlupf für die Pilger. Jetzt hatten wir Lust zu singen. Und so stellten wir uns wieder oben ans Kreuz und stimmten „We shall overcome" an. Um uns herum wurde es ganz still. Und als wir fertig gesungen hatten, klatschen die Menschen um uns herum Beifall, auch die, die ganz schön weit weg saßen. Anscheinend waren wir gut zu hören. Wir gingen weiter. Nach einiger Zeit holte uns ein junger Mann ein, wohl ein Amerikaner, und bat uns, sich mit uns gemeinsam fotografieren lassen zu dürfen. Unser Gesang hätte ihn zu Tränen gerührt.

Am Cruz de Hierro

Kurz nach dem Kreuz erschien Manjarín, eine sehr skurrile Herberge, die einem selbsternannten Templerritter gehört. Unwahrscheinlich viele Hunde bellten dort. Anscheinend waren alle freilaufenden Hunde, die früher in Foncebadon herumliefen, bei ihm gestrandet. Ach ja, Foncebadon, das hatten wir heute Morgen erreicht, zum Frühstück. Ein etwas schmuddeliges Lokal, aber ganz urig, bot alles, was man zum Frühstück brauchte. Wir saßen draußen auf einer Bank. Neben uns lag eine Katze, die mehr tot als lebendig wirkte. Aus ihrem geöffneten Mäulchen hing ihre Zunge heraus. Speichel tropfte auf ihre Brust. Doch sie konnte noch springen und laufen, was uns sehr erstaunte. Dann kam eine Gruppe radfahrender Spanier an. Alle zückten ihr Handy und riefen per Internet ein Gebet auf. Ein Vorbeter begann mit dem Lesen der Texte, und alle übrigen stimmten in das Gemeinschaftsgebet ein.

Jetzt aber wieder zurück zu Manjarín. Nach dieser Herberge, die auch nicht gerade vor Sauberkeit strotzte, ging es etwas anstrengend erst nach oben und anschließend wieder nach unten. Doch die Vegetation entschädigte für alle Strapazen. Lila leuchtendes Heidekraut, gemischt mit silbernen Blättern eines anderen Gewächses rankte neben dem Weg. Sogar riesengroßer Farn war trotz der schattenlosen Hitze auf der Wiese zu sehen. Unübertroffen gestaltete sich die Aussicht in die weiten Täler und auf die sanften Hügel der Leoneser Berge. Manchmal war der Weg sehr eng, denn der Ginster wuchs weit ausladend und raumgreifend.

Und plötzlich sah man in das Tal auf der anderen Seite in Richtung Ponferada, ein sehr weiter und wunderschöner Ausblick. Der Abstieg begann. Auf engen Schotterwegen war das eine recht anstrengende Angelegenheit. Mein armer linker Fuß litt, da ich – wie schon gesagt – jeden spitzen Stein genau mit der schmerzenden Stelle traf. Nach dem Pilgern war diese Stelle jedes Mal so geschwollen, dass man es sogar auf dem Fußrücken erkennen konnte. Ohne Rolands regelmäßige Behandlungen wäre ich wahrscheinlich nicht mehr weit damit gekommen. Aber ich musste darauf achten, keine zu langen Strecken mehr zu laufen. Mein Abstieg dauerte dadurch sehr lange bis El Acebo. Viele überholten mich, auch Roland ging ein ganzes Stück voraus. Endlich lag der Ort vor uns, es war mittlerweile 12.00 Uhr geworden.

Gleich bei der ersten Casa Rural baten wir um ein Zimmer. Ein wunderschön geräumiger Raum mit einem wunderschönen großzügigen Bad. Nach dem ausgiebigen Mittagsschlaf sahen wir uns den kleinen Ort an. Es war nichts los. Die Kirche war geöffnet unter der Aufsicht einer jungen Frau, die uns während des Besuches nicht aus den

Augen ließ. Deshalb hatten wir keine Lust, hier länger zu verweilen. Gottesdienst wurde keiner abgehalten, aber wir bekamen wenigstens einen Sello, den Stempel in unseren Pilgerausweis. Draußen neben dem Friedhof gibt es eine einfache Stahlplastik, die auf einen hier tödlich verunglückten Radpilger aus Deutschland im Jahre 1987 hinweist. In der Bar bei unserer Unterkunft trafen wir die beiden Schwandorfer wieder. Sie hatten genau uns gegenüber Quartier bezogen. Wir unterhielten uns etwas. Roland brachte „Kuchen" aus der Bar mit. So einen widerlichen Kuchen hatten wir noch nie in unserem Leben gegessen und entsorgten ihn deshalb im Gebüsch.

Ab dem nächsten Morgen sollte das Wetter wieder heißer werden. Und ausgerechnet da konnten wir erst später losgehen, weil der Weg bei Dunkelheit zu gefährlich war. Beim zu Bett gehen ärgerte mich noch vor dem Einschlafen ein Flötenspieler unter unserem Fenster. Doch zum Glück spielte er nur kurz, aber immer die gleiche Melodie.

17. August 2013 Samstag: El Acebo – Ponferada

Am Morgen durften wir lange schlafen, bis um 6.00 Uhr. Um 7.00 Uhr gingen wir los, denn wir wussten nicht, ob der Weg nach unten wieder ein Schotterweg wie gestern sein würde. Wir hätten allerdings früher losgehen können, weil der Weg erst einmal nur an der Landstraße entlang führte. Es war ein herrlicher Abstieg so früh am Morgen. Das warme Sonnenlicht schien die Berge auf der linken Seite an, so dass sie in einem zarten Rot leuchteten. Nach einiger Zeit führte uns der Weg wieder auf Schotterwegen ziemlich anspruchsvoll in die Tiefe.

Wir stiegen über 1.000 Höhenmeter nach unten. Nachdem wir durch einen kleinen, fast ausgestorben wirkenden Gebirgsort gekommen waren, ging es weiter nach Molinaseca. Dort holte uns das „normalverrückte" Leben ein. Es hatte in der Nacht zuvor wieder einmal – wie fast an jedem Wochenende – eine Fiesta gegeben. Jetzt wurden die Überreste mit viel Wasser aus großen Feuerwehrschläuchen weggeschwemmt. Es war erstaunlich, wie verschwenderisch in Nordspanien mit Wasser umgegangen wurde. Eine kleine Straße stand so weit unter Wasser, dass wir richtiggehend hindurch waten mussten. So wurde der Staub der letzten Tage von unseren Schuhen gewaschen.

Wir gingen in eine Bar, in der sich wieder Jugendliche und junge Erwachsene befanden, die anscheinend die ganze Nacht durchgefeiert hatten und sich nun zum Frühstück schon wieder ein Bier bestellten. Trotzdem schienen diese betrunkenen Menschen vor uns Pilgern einen großen Respekt zu haben. Sie versicherten uns mit Händen und Füßen, da wir kein Spanisch verstanden, dass sie auch schon Teile des Jakobsweges gegangen waren. Trotzdem verließen wir die Bar auf schnellstem Wege.

Nun war wieder „Landstraßen-Hopping" angesagt. Zum Glück war es Samstag, so dass wenig Verkehrsaufkommen herrschte. Kurz vor Ponferada zweigte der Weg nach links ab – ich hatte ihn rechts erwartet, der Ort lag nämlich direkt vor uns auf der rechten Seite. Der Pilgerweg geleitete uns um den halben Ort herum, bevor wir ihn betreten durften. Ein ganz schöner Umweg! Frei nach dem Motto „Adlersuchsystem"! Das nervte total, denn wir liefen nur auf Teerstraßen, und es war schon wieder richtig heiß! Endlich gelangten wir im Zentrum an. Wir mieteten uns im Hotel „Los Templarios" für die Nacht ein. Das Hotel besaß einen Waschdienst, den wir gerne für 10,-- Euro in Anspruch nahmen. So konnten wir uns nach dem Duschen gleich zum Mittagsschlaf hinlegen. Ich fand jedoch keine Ruhe. Roland schlief ein bisschen, wachte aber auch bald wieder auf. Und so beschlossen wir, Essen zu gehen.

Das Essen war gut. Plötzlich wurde mir beim Kopfdrehen schwindelig. Da auch der Bauch anfing zu grummeln, kehrten wir ins Hotel zurück. Gerade hatte ich mir wieder gedacht, wie gut es mir doch ging, wie gesund ich mich fühlte und wie leicht mir das Gehen fiel – und schon kam wieder so etwas! Auch holten mich Gedanken aus der Vergangenheit ein. Mir kamen die Tränen, als ich an meine Kinder dachte. Sie waren so liebenswerte und wunderhübsche Babys und Kinder gewesen. Und ich hatte ihnen nicht die Kindheit bieten können, die sie verdient hatten, denn mein Ex-Mann und ich harmonierten einfach nicht miteinander. So mussten die beiden viel Leid ertragen und genossen wenig Geborgenheit. Meine Tränen flossen, und der Druck ließ nach. Ich fühlte mich wieder besser. Denn eigentlich beruhigte sich meine Gefühlswelt auf dem Camino seit Rabanal immer mehr. Jetzt ging es mir schon so, dass für mich die Zeit zu schnell verfloss. Das war neu. Ich hatte langsam den Eindruck, bei mir selbst angekommen zu sein.

Templerburg von Ponferrada

Wir besichtigten – zwar auch noch bei großer Hitze – die Templerburg. Eine interessante Anlage, in der man auf verschiedenen Stockwerken viele alte Bücher mit reich verzierten Blättern hinter Glas besichtigen kann. Am Abend wollten wir zur Messe. Doch wir befanden uns ganz alleine in der großen Kirche, in der eine Stunde vorher eine Trauung abgehalten worden war. Wahrscheinlich entfiel deshalb die tägliche Messe. So gestalteten wir unseren „Gottesdienst" selbst, indem wir einige Taizé-Lieder zweistimmig sangen und zusätzlich noch unser geliebtes „We shall overcome". Nach diesem schönen Singen saßen wir gemütlich in einem Lokal an dem großen Platz vor der Kirche. Um 21.00 Uhr wurde die Temperatur erträglich.

Am nächsten Morgen wollten wir uns mit dem Taxi aus dem Ort herausbringen lassen, da es volle 7 km durch Vororte gehen würde. Und das Herauslaufen durch Gewerbegebiete war alles andere als schön. Wir waren neugierig, ob wir hier ein Taxi bekommen würden …

18. August 2013 Sonntag: Ponferada – Villafranca del Bierzo

Wir bekamen ein Taxi, und ich war im Nachhinein sehr froh, denn wir wären sehr lange durch die Stadt gelatscht. Der weitere Weg war von der Landschaft her jedoch recht vielseitig. Wir gingen eingerahmt von Gebirge, zwar an der Landstraße, aber der Ausblick war wunderschön. Nur der Ort Camponaraya zeigte sich potthässlich. Ab Pieros begann ein Weg in die Natur mit mehreren Weinbergen. Die waren recht unkultiviert, so dass sich einige Reben auf die Straße hinaus schlängelten. Aber gespritzt wurde hier auch wieder ausgiebig. Die Blätter der Reben färbten sich richtig blau!

Cacabelos war ein sehr hübscher Ort. Gleich am Ortsanfang erblickten wir ein einladendes Café und bekamen richtig geschmackvoll – in jeder Hinsicht – unser Frühstück serviert. Das Café hatte einen großen Innenhof und ähnelte einem Biergarten. Die Tische waren dezent und hübsch vorgedeckt. Und das Frühstück mundete hervorragend; es war vielseitig, was wir in Spanien nicht gewohnt waren.

In Cacabelos gab es tatsächlich wieder einmal offene Kirchen, aber hauptsächlich zu dem Zweck, sich einen Stempel „Sello" für die Credencial, den Pilgerausweis, geben zu lassen. Die Radfahrer brauchten schon seit einiger Zeit zwei Stempel pro Tag, um die begehrte Compostela zu erhalten, wir Fußgänger erst ab 100 km Entfernung von Santiago. Trotzdem ließen wir uns einen Stempel geben und trafen dabei auf eine Gruppe jugendlicher Italiener, die groß auf ihre T-Shirts geschrieben hatten, dass sie von Rabanal aus gestartet waren und vom 16. bis 31. August vorhatten, unterwegs zu sein. Eine sehr muntere Truppe, die Mädchen zum Teil nur mit kleinen oder gar keinen Rucksäcken bestückt. Vielleicht benutzten sie den Koffertransport. Eigentlich hätten diese jungen Damen bestimmt noch genug Kraft, um ihr Gepäck auf dem Rücken zu tragen?!

Der Weg ging nur bergauf, bergab. Recht anstrengend! Unsere Schwandorfer Bayern hatten vorher in einem Wanderführer nachgelesen, dass wir an diesem Tag insgesamt 1.000 Höhenmeter überwinden würden. Eine Frau ging wohl deshalb lieber weiter auf der Landstraße, in der Hoffnung, weniger steigen zu müssen. Aber ob das so viel schonender war mit den Abgasen der Autos? Unsere flotten Italiener kamen letztendlich auch nicht schneller voran als wir. Wir überholten uns auf dieser Strecke mindestens fünf Mal gegenseitig.

Gegen Mittag erreichten wir unser Etappenziel für diesen Tag, Villafranca del Bierzo. Gleich am Ortsanfang stand die beeindruckende romanische Kirche „Santiago". Direkt unterhalb von ihr bezogen wir Quartier. Es war eine äußerst hübsche Pension, sehr geschmackvoll eingerichtet, mit eine der hübschesten auf den Weg. Wir bekamen ein ruhiges Zimmer in der Dachschräge mit Klimaanlage und einem schönen neuen und großen Badezimmer zugewiesen. Diese Unterkunft „La Puerta del Perdon" ist sehr zu empfehlen. Bei unserer Ankunft bekamen wir sogleich eine große Flasche Wasser ausgehändigt. Leider hatten wir nicht nachgesehen, bis wann das Restaurant des Hauses geöffnet war. Es schloss bereits um 16.00 Uhr, und wir kamen erst um 16.15 Uhr nach unserem Mittagsschlaf, der mal wieder schön und entspannend gewesen war, nach unten. Zu spät! So mussten wir ein offenes Lokal im Zentrum des Ortes suchen und blieben gleich bei einer Bar kurz unterhalb unserer Unterkunft hängen. Wir aßen so ausgiebig, dass die Sättigung lange vorhielt. In der Regel reichte uns eine Hauptmahlzeit.

Eine Pilgerstatue in Villafranca del Bierzo

Danach stellten wir fest, dass es im Tal tatsächlich noch einen Ortskern gab, der sogar recht hübsch aussah. Die Kirchen waren offen, aber leider gab es wieder keine Pilgermesse! Seit Rabanal schon nicht mehr. Das fehlte mir sehr. Wieder in der Unterkunft angekommen, überreichte uns die Besitzerin ein großes Tablett mit einem umfangreichen Frühstück, sogar mit einem köstlichen Schokoladenkuchen, da wir am nächsten Tag wieder vor Tagesanbruch los wollten. Die Wirtin war äußerst zuvorkommend und schenkte uns eine zweite Flasche Wasser. Wir machten einen Abendspaziergang und genossen, dass die Temperatur auf angenehme knappe 30 Grad sank. Es ging sogar ein bisschen Wind.

Meine Gefühlslage war weiterhin ruhiger. Ich musste aufpassen, dass ich bei der Hitze genug trank, am besten legte ich mir gleich morgens einen „inneren Flüssigkeitsvorrat" zu. Der Schwindel hatte wohl einfach mit der Hitze zu tun, wenn ich nicht genug trank. Ich war nach wie vor sehr unruhig, wenn körperliche Schwierigkeiten auftauchten. Vor der Krebserkrankung hatte ich das auch schon hin und wieder, aber in anderer Weise. Und da ich den Krebs nicht bemerkt hatte, war die Unsicherheit einfach da, auch wenn ich jetzt schon mehr als 400 km pilgernd hinter mir hatte. Mein Verstand sagte mir, dass ich das nicht könnte, wenn ich noch krank wäre, aber kurz vor der Erkrankung war ich auch recht fit gewesen. Ich wusste nicht mehr, auf was ich mich verlassen kann. Doch was war eigentlich meine „Bestimmung"? Bis jetzt hatte mir der Jakobsweg nichts eröffnet. Ich merkte aber, dass ich einen eisernen Willen besaß. Den galt es nun, für mich zu verwenden.

19. August 2013 Montag: Villafranca del Bierzo – Hospital

Das liebevoll zusammengestellte Frühstück schmeckte prächtig! Wir gingen jedes Mal ganz anders los, wenn wir schon einen warmen Tee im Bauch hatten. Der Weg führte erst einmal bei Dunkelheit einige Zeit durch den Ort, bevor wir auf der Landstraße weiterzupilgern hatten. Richtig dunkel war es, da wir am Rande eines waldigen Gebietes entlang gingen. Und obwohl der weiße Randstrich der

Landstraße deutlich zu sehen war, gab es wieder die „Lichtgeher". Ich zog das Tempo mächtig an. Und so überholten wir alle und hängten sie auch gut ab. Welche Wohltat! Eingehüllt in das Dunkel gewöhnten sich die Augen schnell an diese Lichtverhältnisse. Wir behielten das schnelle Tempo bei und ich fühlte mich sauwohl damit! Obwohl es leicht bergauf ging, kam ich nicht aus der Puste!

Langsam wurde es heller, und wir sahen, wie die Sonnenstrahlen langsam die Bergwelt erhellten. Es war eine bezaubernde Natur und um uns herum, während wir durch das Tal gingen. Links und rechts erhoben sich sanft geschwungene Hügel. Und das, obwohl wir auf der Landstraße waren und die Autobahn in der Nähe hoch über uns am Berg und über eine Brücke entlang führte. Von der Staatsstraße bogen wir nun in eine schmalere Landstraße ein und erreichten einen kleinen Ort mit einer offenen Bar. Eine große Pilgerschaft hatte sich dort bereits zum Frühstück eingefunden. Gerade als wir wieder aufbrechen wollten, überholten uns die beiden Schwandorfer. Sie gingen stramm weiter und hängten uns erst einmal ab. Doch wir überholten sie bald wieder, da sich die beiden an ihren Schuhen zu schaffen machten. Das würde wohl das letzte Mal sein, dass wir sie sahen, denn die beiden wollten in Herrerias übernachten, während wir vorhatten, bis Hospital weiterzugehen. Und am nächsten Tag hatten die beiden vor, die Strecke über Samos nehmen. Und so trennten sich, dachten wir, unsere Wege.

Unterwegs vermehrte sich nun der Strom der „Edelpilger". So nannten wir die, die zu diesem Zeitpunkt erst einstiegen und sich ihre Koffer mit dem Transporttaxi von Unterkunft zu Unterkunft bringen ließen. Selbst hatten sie nur noch ein kleines Täschchen umhängen. Einige Taxis fuhren an uns vorbei, und wir malten uns aus, wie die Pilger auf den Rücksitzen lagen, um nicht gesehen zu werden. Ein Taxi hatte sogar verdunkelte Scheiben, wodurch man sowieso niemanden erkennen konnte.

Unser Tempo blieb schnell, und ich fühlte mich gut damit. Doch mit einem Mal bekam ich einen leichten Druck in der linken Brustseite und an einem Brustwirbel in Höhe meines Herzens. Und schon verließ mich das gute Gefühl wieder. Ich war sehr schnell aus der Fassung zu bringen. Aber ich versuchte wieder, mental dagegen anzugehen, was mir diesmal auch gelang.

Die Pension „Paraiso", in der wir eigentlich nächtigen wollten, da sie sehr angepriesen wurde, kam für uns zu früh, und so gingen wir noch etwas weiter. Ein unschöner Ort, dieses Herrerias. Ein paar Häuser aneinander gereiht, kein Stadtkern und keine für uns sichtbare Kirche. Auch Hospital, wo wir letztendlich gelandet waren, bestand nur aus ein paar unschönen Häusern. Das nächste Mal werden wir sicher nach La Faba weitergehen, was durch einen kleinen, aber sehr schönen Anstieg auf dem Weg nach O'Cebreiro relativ schnell erreicht werden kann.

Wir mieteten uns in einer einfachen Pension ein, die zum Glück recht sauber war. Es fiel uns überhaupt auf, dass in Spanien alles recht ordentlich war. In 90% aller Bars konnte man getrost die Toilette aufsuchen. Wir hielten einen angenehmen Mittagsschlaf beim idyllischen Geläute der Kuhglocken und dem Rauschen des Gebirgsbaches. Um 18.30 Uhr traf sich die Dorfgemeinschaft auf der anderen Straßenseite, unserer Unterkunft gegenüber. Es scheint hier wohl weniger Einsamkeit zu geben als in unseren großen Städten.

Am nächsten Morgen hatten wir die Bergtour auf den O'Cebreiro vor uns. Wir hofften, dass es weniger schlimm werden würde, als ich es mir am Abend vorher vorstellte. Das würde wohl die letzte Bergtour sein, da wir am nächsten Morgen die Grenze zu Galizien erreichen würden.

Vor diesem Tag hatte ich große Bedenken, weil wir wieder viel an Landstraßen entlang zu gehen hatten. Aber es war durch die schöne Landschaft links und rechts sehr erträglich. Und es gab viel Schatten!

Das war auf dem Jakobsweg selten. Seit Leon war die Gegend deutlich lieblicher geworden. Interessant war es, dass es in vielen kleineren Orten große Hinweisplakate auf Praxen gab, die Reiki, Osteopathie und Massage anboten, manchmal sogar Akupunktur. Es orientierte sich alles schon sehr an den Pilgern, die hier eine wichtige Einnahmequelle darstellen. Allerdings Essen gab es immer nur zu bestimmten Zeiten und in jedem Lokal unterschiedlich. Manche schlossen bereits um 16.00 Uhr, andere boten erst um 19.00 Uhr Pilgermenüs an. Wenn man zwischendrin etwas Warmes wollte, hatte man Pech. Und wieder fehlte die Pilgermesse, diese meditative Ruhe am Abend.

Wir machten noch einen Abendspaziergang, da wir neugierig waren, wie der Weg weitergehen würde – zum Glück! Denn wir hatten erst einmal Schwierigkeiten zu erkunden, welcher Weg der richtige war. Es ging ziemlich steil bergauf. Nach einiger Zeit zweigte ein idyllischer Waldweg nach links ab und führte wieder tief nach unten. Wir gingen diesen Weg noch eine Weile. Trotz seiner Schönheit beschlossen wir, am nächsten Tag die Landstraße weiterzugehen, denn bei der Dunkelheit des frühen Morgens wäre dieser Weg zu gefährlich gewesen.

Wir kamen ins Dorf zurück und erlebten eine traurige Geschichte: Ein alter Mann trieb seine Hennen mit Hahn über die Straße zum Stall. Eine Henne lief wieder zurück. Der Hahn machte kehrt, um seine Henne in die richtige Richtung zu bringen. Der alte Mann überlegte nicht und drosch mit einem Stock dermaßen auf den Hahn ein, dass sein langer Hals, als er getroffen wurde, eine richtige S-Linie bildete. Ich schrie los und deutete auf das Huhn, das der Hahn holen wollte. Der Mann hörte kurz auf, sichtlich irritiert. Das Huhn folgte nun seinem Hahn, und der Hahn stolzierte hinter seinen „Damen" her. Er hatte sich seine Würde durch den hartherzigen Bauern nicht nehmen lassen. Schade, dass manche Menschen die Tiere nicht verstehen wollen. Es war so sonnenklar, was der Hahn wollte.

20. August 2013 Dienstag: Hospital – Fonfria

Um 6.30 Uhr machten wir uns auf den Weg. Wir hatten beide sehr schlecht geschlafen, und so fiel uns das Aufstehen richtig schwer. Ich konnte am Abend vorher nicht einschlafen und merkte, dass auch Roland unruhig war. Auch plagte mich mein Husten nach wie vor sehr. Ich machte uns beiden noch einen Magnesium-Trunk, duschte mich kalt und legte mich nass ins Bett. Eigentlich ein sehr gutes Schlafmittel, das schon Pfarrer Kneipp dem damaligen Papst mit Erfolg empfohlen hatte. Aber wir schliefen trotzdem erst so gegen 0.30 Uhr ein.

Um 5.15 Uhr läutete der Wecker. Und obwohl es beim Losgehen bereits 6.30 Uhr war, war es stockdunkel. Wir gingen, wie wir uns vorgenommen hatten, bis La Faba auf der geteerten Landstraße. Wir bedauerten, dass wir nicht bereits abends weitergegangen waren, denn La Faba war ein süßer kleiner Gebirgsort.

Der Aufstieg zum O'Cebreiro

In einer netten Gebirgsbar ließen wir uns ein gutes Frühstück schmecken. Anschließend gelangten wir in einen richtigen Zauberwald. Ein Hohlweg führte uns nach oben in Richtung O'Cebreiro und Galizien . Der Aufstieg war nicht locker, aber er war gut machbar. Nach kurzen steilen Stücken kam immer wieder mal ein flaches „Ausruhstück".

Am Grenzstein zu Galizien trafen wir auf ein niederbayrisches Geschwisterpaar, sehr sympathische junge Menschen, deren Mutter unabhängig von den beiden den Weg ging.

Grenzstein von Galizien

Oben angekommen besuchten wir die Kirche „Santa Maria la Real"
und erhielten unseren „Sello" von einem dort anwesenden Kloster-
bruder. Die Kirche war schön, es erklangen im Hintergrund leise
Taizé-Lieder. Der Ort selbst war sehr touristisch aufgebaut. Doch
zum Glück waren keine Menschenmassen da, wie immer gesagt
wurde, nur ein uns bereits seit Logrono bekannter Brasilianer saß bei
einem Kaffee und freute sich, uns wiederzusehen – wie wir auch.
Wir hatten ja bereits gehört und durch David bestätigt bekommen,
dass ein größeres Pilgeraufkommen im Mai/Juni und September
bestand. Wahrscheinlich scheuten viele Menschen die Hitze. Aber

wenn man morgens bald losging und bis ca. 12.00 Uhr mittags an-
kam, war die Hitze auszuhalten – obwohl es in diesem Jahr 2013
heißer war, als es die Nordspanier gewohnt waren und Roland und
ich normalerweise die Hitze meiden. Der Mittagsschlaf half jedes
Mal über die wärmsten Stunden hinweg. Gegen Abend wurde es in
der Regel erträglich, so dass man nach einer mittäglichen Siesta gut
zu Besichtigungstouren aufbrechen konnte.

Palloza (Rundhaus) in O'Cebreiro

Wir hielten uns im Ort O'Cebreiro nicht lange auf und wanderten
weiter zum Pass Alto o Poio, wobei wir etwas „pfuschten". Denn der
eigentliche Pilgerweg ging rechts von der Landstraße erst einmal tief
nach unten, um dann ziemlich krass wieder nach oben zur Landstraße hin anzusteigen. Diesen Schlenker ersparten wir uns und gingen
einfach am Rande der Landstraße weiter (die allerdings auch leicht
anstieg), denn die Hitze hatte schon wieder gut zugeschlagen.
Wir pilgerten länger als ursprünglich geplant, weil wir bei der

angesteuerten Unterkunft „Puerto" zwei Stunden hätten warten müssen, bis das Zimmer gesäubert gewesen wäre. Das dauerte uns zu lange – und außerdem gab es hier Unmengen von Fliegen, die sicherlich auch vor der Zimmertüre nicht Halt machen würden. Und so legten wir hier nur eine kurze Pause ein, um dann nach Fonfria weiterzugehen. Bei unserer Pause lernten wir Sarah aus Wasserburg am Inn kennen, mit der wir uns in ein interessantes Gespräch über den bisher gegangenen Weg vertieften. Sarah war gleichzeitig mit ihrer Mutter auf der Strecke, allerdings lief die Mutter schneller. Und so gingen beide unabhängig voneinander ihren Weg.

Später saßen wir in dem kleinen Dorf Fonfria und warteten auf die Kühle des Abends. Zum Glück war unser Zimmer in Richtung Nordwesten ausgerichtet, so dass die Wärme draußen blieb. Es war jedes Mal wieder irritierend, wie unterschiedlich hier in Nordspanien mit Sauberkeit umgegangen wurde. Die großen Städte wurden sehr gepflegt, wofür man Unmengen von Wasser verwendete, vor allem für die Straßenreinigung, aber auch für das Bewässern der Grünflächen. Hier oben im dörflichen Galizien war die Dorfstraße total verdreckt durch den Kuhmist, und keiner tat was dagegen. Ich war neugierig, ob das in Galizien generell anders gehandhabt würde als bis dahin.

Nachtragen wollte ich noch, dass diese Tagestour vom Naturerleben her die bisher schönste war. Auf der überwiegenden Strecke hatte man einen herrlichen Ausblick auf die Bergwelt, die morgens zum Teil noch durch Nebelfelder auf den Hügeln und den Tälern durchbrochen wurde. Eine wunderbare, sanft geschwungene, grün bewachsene Landschaft!

Meine Gefühlslage gestaltete sich hier auf dem Camino ganz eigen. Morgens ging ich fast im Schlaf los, mein Kopf schlief noch, doch meine Beine bewegten sich. Um nicht umzufallen, hielt ich mich mit meinen Händen an den Nordic-Walking-Stöcken fest. Zwischen 8.00 Uhr und 10.00 Uhr ging es mir meistens super gut, manchmal mit einem richtigen „high-Gefühl". Später, bei der Hitze kämpfte ich mich durch und war stolz darauf, es zu schaffen. Nach dem Mittagsschlaf sank meine Stimmung ab, zum Teil so tief, dass es mir richtig schlecht ging. Da kam das fehlende Vertrauen in mich selbst wieder durch, das sich steigerte bis hin zu Angstgefühlen. In der letzten Nacht hatte ich mir viele Gedanken wegen meines Hustens gemacht, denn er war schlimmer geworden. Jetzt war es den ganzen Tag schon recht gut. Auch mit dem Schwindel ging es besser, seitdem ich mehr trank. Doch ich musste immer wieder an meiner inneren Sicherheit arbeiten. Und ich durfte vertrauen lernen, nachdem bis dahin schon wirklich alles gut verlief. Das fiel mir besonders schwer, aber ich durfte feststellen, dass es mir immer besser ging.

Wir saßen vor unserer Pension. Direkt vor uns wurde eine große Herde von Kühen auf die Wiese getrieben. Es war schön zu sehen, dass die Rinder hier noch Hörner hatten. Ein Hütehund zeigte sich unheimlich stolz, „seine" Herde auf die Weide zu bringen. Sein Kopf war hoch erhoben, niemand interessierte ihn, nur seine Kühe. Ein rührender Anblick!

Später auf dem Weg zum Abendessen trafen wir tatsächlich noch einmal auf das Schwandorfer Ehepaar. Die beiden machten gerade große Wäsche, die hier in der prallen Sonne in Minuten trocknete. Aber das war nun tatsächlich das letzte Mal. Die beiden hatten bereits alles organisiert für den weiteren Weg. Alles vorgebucht, sogar die Flugtickets nach Hause hatten sie bestellt. Am nächsten Tag würden sie nicht in Triacastella nächtigen wie wir, sondern bis Samos weitergehen.

21. August 2013 Mittwoch: Fonfria – Triacastella
Nach einer einigermaßen guten Nacht starteten wir mit einem reichlichen Frühstück im Bauch um 7.40 Uhr unseren Weg. Die Wirtin versorgte mich liebevoll mit einem Löffel voll Honig, da ich mich verschluckt hatte und sowieso immer noch durch meinen Reizhusten geplagt war. Es war bereits hell, als wir das Haus verließen. Die

beiden Schwandorfer sahen wir während unseres Frühstücks durchs Fenster, wie sie stramm darauf los liefen. Wir würden nun definitiv einen Tag später als die beiden in Santiago ankommen.

Der Weg war an diesem Morgen noch schöner als am Vortag! Wir dachten, es gäbe keine Steigerung mehr! Sanftes Morgenlicht auf wunderschönen grünen und leicht geschwungenen Hügeln war das Panorama, das sich uns auf dem Weg bot. Der Weg ließ sich einfach gehen, insofern konnten wir die Aussicht voll genießen. Später ging es intensiv bergab, es war aber trotzdem recht gut hinabzusteigen, längst nicht so schwierig wie nach dem Cruz de Hiero.

Wir wurden jäh aus unserem Schwelgen gerissen, als von oben jemand herunterbrüllte. Und schon rasten zwei Radler an uns vorbei, das geschätzte Tempo 100 km/h war sicherlich nicht übertrieben. Auf meiner Höhe rutschte der erste junge Mann auch noch ein bisschen. Wenn er das nicht hätte abfangen können, wäre wohl wenig von uns beiden übrig geblieben! Es ärgerte uns sehr, wie wenig Rücksichtnahme die beiden walten ließen. Eigentlich wurden die Radler an dieser Strecke durch Schilder darauf hingewiesen, die Landstraße zu nehmen. Wir erholten uns von dem Schock in einem hübschen Lokal etwas weiter unten. Der kleine Hund des Hauses schaute uns bittend an, aber weder Milchreis noch Käsekuchen hätten dem Hundemagen gut bekommen.

Eine schöne alte Edelkastanie vor Triacastela

Wir erreichten den kleinen Ort Ramil, vor dem eine ehrwürdige und sehr alte Edelkastanie stand. Sie hatte einen beeindruckenden in sich verschnörkelten Stamm. Gut, um ein Bild von uns beiden durch Mitpilger schießen zu lassen. Weiter ging es durch Hohlgassen, bis wir in Triacastella ankamen. Eigentlich wollten wir dieses Mal wieder eine Herberge aufsuchen, nachdem es hier einen ganzen Komplex mit Mehrbett- und Doppelzimmern sowie einem angegliederten Restaurant gab. Aber leider standen schon die Rollkoffer der „Edelpilger" im Flur, die bereits alle Doppelzimmer vorgebucht hatten. Wir bedauerten, dass es so unterschiedliche Auffassungen vom

Pilgern gab. Wir bezogen aber dann in einer Pension das perfekte Zimmer für große Wäsche: auf dem Balkon stand ein Wäscheständer, wenn auch ein sehr wackeliger. So setzten wir als erstes das Badezimmer buchstäblich unter Wasser, da das Waschbecken zum Waschen unserer langen Wanderhosen viel zu klein war. Nach dem Duschen genossen wir die wohlverdiente Mittagsruhe! Ich konnte endlich mal wieder entspannt schlafen und wachte entsprechend erholt auf.

Es gab Mittagessen. Scheußlich! In wahnsinnig viel Fett gebratene Eier mit pappigem Reis, aufgepeppt durch ein paar Tropfen Tomatenketchup. Mit meiner Serviette saugte ich erst einmal das Fett weg. Der Salat vorweg war ganz in Ordnung. Aber der Nachtisch versöhnte uns wieder: Spanische Mandeltorte, eine Spezialität Galiziens.

Und nach dem Einkaufen kam der absolute Höhepunkt des Tages: die Pilgermesse. Endlich mal wieder eine – und was für eine! Der Priester, Pfarrer Augusto, betrat schon ein paar Minuten vor Beginn den Altarraum und hielt ein Schwätzchen mit den Pilgerinnen und Pilgern, was wir leider nicht verstanden, da wir der spanischen Sprache nicht mächtig waren. Doch an der Stimmung merkten wir, dass es recht humorvoll zuging. Der Priester fragte nach der Herkunft und bat von jedem Land einen Mann nach oben hinter den Altar, um in allen Sprachen einen Text verlesen zu lassen. Roland wurde auch nach vorne gebeten. Interessant! Ein evangelischer Mann neben einem katholischen Priester. Aber ich glaube, dem Pfarrer war das egal. Ein italienischer Mann deutete mit zwei durch die beiden Daumen und Zeigefinger geformten Ringen über seinen Augen an, dass er keine Brille dabei habe und ohne diese nicht lesen könne. Pfarrer Augusto nahm kurzerhand seine eigene Brille ab, hielt sie dem Italiener hin. Dieser schaute durch, nickte und konnte so seinen Text lesen.

Pilgermesse mit Roland am Altar in Triacastela

Nach der Messe sprachen uns zwei Frauen aus Österreich an, die „Etappenpilgerinnen" waren und diesmal ihren Weg nach Santiago vollenden wollten. Es war ein sehr angenehmes Gespräch mit diesen beiden sympathischen Damen, in dem wir von den beiden erfuhren, dass sie schon seit einigen Jahren etappenweise den Weg pilgern und jetzt sehr froh waren, ihn dieses Mal abschließen zu können. Denn sie taten sich nicht leicht, da sie schon etwas älter waren und mit ihren Beinen zu tun hatten. Gerne hätte ich mich noch länger mit ihnen unterhalten, aber die beiden wollten zu ihrer Pension zurück. Und wir mussten endlich mal wieder zu Hause anrufen. Meine linke Fußsohle fühlte sich an diesem Tag wieder etwas besser an. Ich konnte zum ersten Mal seit langem im Zimmer barfuß laufen, ohne die Zehen dabei krümmen zu müssen. Vielleicht hatte die heutige kurze Wanderung etwas Gutes bewirkt. Am nächsten Morgen hatten wir auch eine kurze Etappe vor uns. Könnte sich mein armer Fuß so wieder ganz erholen? Das wäre schön.

22. August 2013 Donnerstag: Triacastella – Samos

Es war eine eiskalte Nacht, trotz Wolldecke froren wir beide ganz gewaltig. So tat der warme Tee, den wir in der Bar morgens vor dem Losgehen tranken, sehr gut. Es war bereits wieder hell, als wir um 7.00 Uhr starteten. Am Vortag entschlossen wir uns doch noch dazu, den Weg über Samos zu nehmen, um das dort ansässige größte Kloster Spaniens, ein Benediktinerkloster mit Namen „San Julián", zu besichtigen. So wichen wir erstmals vom üblichen Pilgerweg ab.

Erst liefen wir wieder an der Landstraße entlang, aber es war trotzdem recht schön. Wir wanderten durch Täler, ganz im Gegensatz zu den letzten Tagen. Jetzt zweigte der Weg ab in unwahrscheinlich idyllische Wälder, die reinsten Zauberwälder, richtig verwunschen. Hin und wieder trafen wir auf winzige Dörfer, in denen man keine einzige Menschenseele sah. Es ging bergauf und bergab. In manchen Weilern bellte ein Hund oder lief auch frei herum. Es war eigenartig. Die Hunde registrierten die Menschen kaum. Bisher hatte nur ein kleiner Kläffer Roland seine Stärke zeigen wollen, war aber dann durch Rolands erhobenen Stock sofort wieder eingeschüchtert.

Der Märchenwald umfing uns weiter mit seiner Schönheit. In den oft sehr verfallenen Dörfern, von denen der Wald durchbrochen wurde, gab es interessanterweise bombastische Friedhöfe. Große Aufbauten aus Marmor, so wie es bei uns eher die reichen und wichtigen Menschen haben. Groteskerweise „wohnte" man hier auf dem Friedhof anscheinend weitaus feudaler als in den Häusern der Dörfer. Doch in einem kleinen Ort stach ein Haus richtig heraus. Es war sehr gepflegt mit blühenden Blumen vor den Fenstern. Hinter einem halb geöffneten Fenster konnten wir die Silhouette einer alten Dame erkennen. Und zwischen den restlichen Häusern lief ein recht großer schwarzer Hund frei herum.

Kurz nach dem Ort mussten Roland und ich „austreten" und wählten dazu den Platz hinter der Mauer eines verfallenen Schuppens. Als Roland dahinter verschwand und ich alleine am Weg zurückblieb, hatte ich die Vision, der große schwarze Hund würde von rechts auf mich zustürmen und mich anfallen. Noch in diesem Schreckensgedanken gefangen, schaute ich nach links – und sah einen kleinen dackelähnlichen Hund, der mich mit ängstlichen Augen ansah: „Tu mir nichts, ich tue dir auch nichts!" Jaja, so ist das mit den Horrorvorstellungen … Meistens kommt es doch nicht so schlimm, wie man es sich ausmalt.

Der Weg ging dermaßen intensiv bergauf und -ab, dass wir uns nur noch mit Galgenhumor aufrecht hielten. Wir überlegten, ob die Länge des Weges von der Vogelperspektive aus gemessen wurde. Wenn ja, würden wir bei diesem dauernden „auf" und „ab" sicherlich mindestens die doppelte Wegstrecke bewältigen. Nach einigen menschenlosen Orten trafen wir nun sogar auf einen Mann, im übernächsten auf eine Frau und einen Mann, und im letzten Dorf vor Samos hörten wir einen Fernseher, der dem Inhaber wohl schon morgens die Langeweile vertrieb. Das war's. Eine völlig ausgestorbene Gegend, zumindest zu diesem Zeitpunkt. Wir hatten gehört, dass sich die meisten Spanier im August am Meer aufhielten.

Auf dem Weg unterwegs begegnen wir einer recht jungen Frau, die ebenfalls mit Rucksack unterwegs war. Sie hatte einen kleinen Hund dabei, der gleich vor uns „Männchen" machte, während die Besitzerin von uns absolut keine Notiz nahm. Sie beschäftigte sich damit, über dem Gaskocher Milch zu wärmen. Plötzlich kamen wir zu einem Aussichtspunkt und sahen von oben das große Kloster Samos. Es war ein herrlicher Blick auf diese beeindruckende Anlage.

Kloster Samos

Im Ort selbst nahmen wir ein zweites Frühstück ein. Es war recht kühl, wir brauchten unsere Fleece-Jacken. Neben uns ließen sich Susanne und Detlev, ein Paar aus dem Schwarzwald, nieder. Susanne hatte trotz Kälte eine kurze Hose an, doch ihre leicht blauen Beine zeigten, dass es auch ihr kalt war. Später verriet sie uns, dass sie sich geweigert hatte, eine lange Hose anzuziehen, es sei ja schließlich noch Sommer – womit sie sicherlich Recht hatte. Aber was nutzte es? Susanne und Detlev blieben an diesem Tag auch hier und bezogen in einer kleinen und schönen Herberge das Zimmer neben uns.

Nach unserer Mittagspause kam endlich die Sonne zum Vorschein, und schon wurde es wieder richtig warm. Bei unserem Gang durch die Stadt lernten wir Doris kennen, eine Soldatenfrau aus Amberg – und so ergab sich gleich ein Gesprächsthema, da Roland die Einheit kannte, in der Doris' Mann arbeitet.

119

Wir wollten uns die mozarabische, 1.000 Jahre alte Kapelle namens „San Salvador" ansehen, aber sie war und blieb – trotz angegebener Öffnungszeit – leider verschlossen. So konnten wir uns nur an der ebenfalls 1.000 Jahre alten Zypresse erfreuen, die vor der Kapelle stand und beeindruckend hoch gewachsen war. Am späteren Nachmittag besichtigten wir das Kloster und sahen zwei interessante Kreuzgänge und das Innenleben dieses Gebäudes. Die Kirche war allerdings lange nicht so schön, wie die beiden in Burgos und Leon.

Am Abend hielt ein Priester eine Pilgermesse ab, die mit einem erhebenden Pilgersegen beschlossen wurde. Wir fühlten dabei jedes Mal die Gemeinschaft mit den anderen Pilgern, wenn wir gesegnet und gebeten wurden, in Santiago für die Menschen in den Orten zu beten. Nach der Messe saßen wir noch mit Doris und Susanne im Lokal vor der Herberge. Detlev kam etwas später noch dazu, er wurde von Darmproblemen geplagt. Susanne erzählte von ihrer bevorstehenden Scheidung. Um 22.00 Uhr ging Doris in die Herberge, denn beim Gemeinschaftsraum wurde pünktlich um diese Zeit die Türe verriegelt. Und so klang der Abend schön aus.

23. August 2013 Freitag: Samos – Sarria

In der Herberge in Samos schlief ich recht gut. Nach einem nicht so guten Frühstück machten wir uns um 7.40 Uhr auf den Weg. Für eine kurze Zeit führte der Weg an der Landstraße entlang, dann zweigte er in einen Feldweg nach rechts ab in die vielseitige Landschaft. Wieder ging es bergauf, bergab, durch eine herrliche Gegend! Ein richtiger Urwald empfing uns wieder. Riesengroße Farnfelder und knorrige alte Bäume säumten den Weg. Es war erneut ein Hohlweg, der an manchen Stellen durch eine alte Stein- oder Schiefermauer begrenzt wurde. Wie gestern wirkte die Gegend, jeder kleine Ort, wie ausgestorben. Wenn man nicht hin und wieder ein paar lebende Hühner und manchmal Wäsche auf der Leine gesehen hätte, konnte man glauben, hier wohnte absolut niemand mehr. Doch dafür war ein Teil der Häuser zu gepflegt.

Nun hatte ich wieder etwas Angst vor freilaufenden Hunden, zum Glück völlig zu Unrecht. Wir trafen auf einen riesigen Hund, der vor einem Haus lag. Er hob nur kurz seinen Kopf, als wir vorbeigingen und legte sich wieder hin. Von Hundekennern wusste ich, dass man Hunden nicht in die Augen schauen darf, denn dann fühlen sie sich bedroht. Der Schotterweg ging in eine Teerstraße über, und plötzlich sahen wir ein großes neues Auto um die Ecke biegen. Es waren bemerkenswerte Gegensätze. Die alten, kleinen und zum Teil verfallenen Häuser und daneben einzelne schöne, neu gebaute Villen mit den dazu passenden Fahrzeugen vor der Haustüre. Diese vom normalen Pilgerweg abweichende Strecke bot keine Einkehrmöglichkeiten. Man musste Getränke und Essen auf dem Weg dabei haben.

Die schöne Natur hinter Samos

Einsam ging es weiter bis San Mamede. Dort vereinigte sich unser Weg von Samos wieder mit dem Hauptweg – und schon war wieder alles anders. Mehrere Menschen, einige Pilger und Reklame für offene Bars, Herbergen und Casa Rurals. Selbst die Landschaft hatte das Verwunschene verloren. Wir gingen durch einen aufgeforsteten Wald, ähnlich wie vor Logrono und sahen bald danach von oben unser Etappenziel Sarria. Das Hotel, in das wir wollten, gefiel uns nicht, vor allem die Lage war absolut unschön. Denn der neue Teil des Ortes war lieblos zusammengebaut. Wir gingen die Treppen nach oben in den alten Stadtkern. Der hatte wieder Atmosphäre. Gleich zu

Beginn fiel uns eine kleine Pension auf, in der wir um ein Nachtlager baten. Es erwartete uns ein äußerst komfortabel eingerichtetes Zimmer. Nun hieß es wieder Wäsche waschen, Duschen, ab ins Bett … Und danach fühlte ich mich plötzlich gar nicht mehr gut. Es war mir schwindelig und schummrig. Ich fühlte mich zum Heulen und konnte es dann zum Glück auch. Ich wusste nicht, was ich da durcharbeitete. Ich empfand es einfach als unfair! Ich achtete schon lange und gerne auf meine Ernährung, nahm keine Schmerztabletten, wie viele hier auf dem Weg, und trotzdem fühlte ich mich öfters so, als ob ich sterben müsste. Vielleicht sollte ich das zulassen? Kann man Sterben zulassen? Ich konnte es nicht. Ich wollte leben! Aber vielleicht müsste ich „etwas" in mir sterben lassen, was ich nicht mehr brauchte? Wenn ich nur wüsste, was. Wir gingen zum Essen und bestellten in einer Pizzeria eine sehr gute Gemüselasagne. Während des Essens kämpfte ich immer wieder mit den Tränen und erntete dadurch einen mitleidigen Blick von der Bedienung.

Nach dem Essen besuchten wir die romanische Kapelle „San Salvador", ließen unseren Pilgerausweis stempeln und erfuhren, dass es um 19.30 Uhr eine Pilgermesse gab. Ich freute mich darauf. Vielleicht würde sie mir helfen. Irgendwie überkam mich bei dem Gedanken, heute Abend ins Bett gehen zu müssen, eine ziemlich heftige Angst. Aber ich musste schlafen, um am nächsten Tag weiterzugehen zu können.

Vor der Messe erreichte ein Bus mit „Edelpilgern" den Ort und alle rollten ihre riesigen Koffer in die vorreservierten Herbergen. Am nächsten Morgen sahen wir sie dann wieder, wie sie mit kleinen Umhängetaschen, riesigen Pilgerstäben und umgehängten Jakobsmuscheln ganz stolz von dannen zogen.

Jetzt beobachteten wir aber noch etwas Nettes: Ein kleiner Hund schlich um einen Tisch herum, auf dem ein in Teig gebackenes Fleischgericht stand. Immer wieder schaute der Kleine nach oben, sah sich um, und man merkte richtig, wie er überlegte, ungesehen an diese Köstlichkeit heranzukommen. Er sprang auf den Stuhl und schleckte schon mal aus der Schale. Doch der Winkel schien noch nicht zu stimmen. Er versuchte es von dem Stuhl auf der anderen Seite. Jetzt wurden ein paar Männer, die an einem Tisch in der Nähe saßen, auf den Hund aufmerksam. Sie lachten und scheuchten den Hund weg. Der arme Kerl klemmte seinen Schweif zwischen die Hinterbeine und machte sich mit einem traurigen Blick zurück zum Tisch aus dem Staub.

Die Pilgermesse war leider etwas unpersönlich, doch wir sangen das Pilgerlied! Das hob meine Stimmung. Noch sechs Etappen. Ich konnte es kaum glauben! Würde ich ankommen? Ich hoffte es inständig.

24. August 2013 Samstag: Sarria – Portomarin

Roland hatte mich am Abend noch „geströmt", das heißt, er behandelte mich mit Jin Shin Jyutsu, einer Energieausgleichsmethode, insofern konnte ich Ruhe finden und hatte wider Erwarten recht gut geschlafen. Um 6.20 Uhr verließen wir das schöne Zimmer und gingen in die nahe gelegene Bar zum Frühstücken. Es war immer noch dunkel, als wir Sarria verließen. Der Weg führte bergab, tief in die Nacht hinein. Plötzlich fing hinter uns ein Lärmen an. Es war eine Gruppe junger Menschen, die plärrten und lachten, als ob sie betrunken gewesen wären. Wir beschleunigten unser Tempo, aber die jungen Menschen blieben uns auf den Fersen. Sie hatten noch genug Energiereserven; wohl, weil sie ihre Pilgerreise gerade eben erst begonnen hatten.

Der Ort Sarria war für viele ein beliebter Startpunkt, denn von dort aus sind es noch gute 100 km bis Santiago. Und man musste mindestens diese Strecke gegangen sein, um die begehrte Compostela, die Pilgerurkunde, zu bekommen. Der Mond schien wunderbar hell und leuchtete uns auf dem Weg. Wir kamen bei einer alten Edelkastanie vorbei, die trotz der Dunkelheit eine Würde und Schönheit preisgab, die ihresgleichen suchte. Leider konnten wir sie nicht fotografieren,

es war noch nicht hell genug. Langsam kroch das Licht der aufge-
henden Sonne nach oben, so dass wir die weite Aussicht in die schöne Landschaft genießen konnten. Das entschädigte immer wieder für
die Strapazen.

Eine alte Steinbrücke bei Sarria

Die jungen Menschen hinter uns grölten immer noch. Ich drehte
mich um und ließ einen Brüller los, was tatsächlich erst einmal Wir-
kung zeigte. Beim ersten Café auf der Strecke verlief sich zum Glück
alles wieder, die jungen Menschen kehrten ein und wir konnten in
Ruhe weitergehen.

Der weitere Weg verlief sehr abwechslungsreich. Mal pilgerten wir
durch einen richtigen Zauberwald, mal konnten wir eine wunderbare
Aussicht genießen, mal säumten Bäume unseren Weg. Seit Leon
machte das Pilgern deutlich mehr Freude, da die Landschaft uns
immer wieder neu überraschte mit ihrer Schönheit. Heute sahen wir

zum ersten Mal die besonderen Kornspeicher „Hórreos", die auf Stelzen in der Weise gebaut waren, dass weder Getier noch Klima dem Korn etwas anhaben konnte.

Horrero, ein Getreidespeicher in Galizien

Der Weg strengte recht an, da es wieder in einer Tour rauf und runter ging. Eigentlich dachte ich, dass es ab Leon leichter würde. Es gab zwar keine Berge mehr, aber das ewige auf und ab durch die hügelige Landschaft war nervtötend, vor allem deshalb, weil ich damit nicht gerechnet hatte. Und so viele Pilger wie heute hatten wir auf der ganzen Reise noch nicht erlebt. Der Grund war, wie schon erwähnt, dass wir an diesem Tag den „magischen Kilometerstein 100" passieren würden. Ab jetzt benötigten wir täglich zwei Stempel in unseren Pass. Die meisten Pilger und Pilgerinnen waren nur noch mit kleinen Tagesrucksäcken oder Umhängetaschen unterwegs. Man kam sich richtig komisch vor, wenn man schon so lange mit dem großen Rucksack ging und diese „frischen" Menschen sah. Und der

Gedanke, dass wir am Ende den gleichen „Lohn" bekommen würden, eben die Compostela, hob nicht gerade meine Stimmung. Ich
erinnerte mich an die Bibelstelle, bei der die Helfer bei der Weinlese,
die erst Mittags ihre Arbeit angetreten hatten, abends den gleichen
Lohn bekamen, wie die Arbeiter, die bereits seit dem Morgen am
Wein lesen waren.

Die letzten 100 km beginnen

Ich führte mir wieder vor Augen, weshalb ich den Jakobsweg ging.
Aus Dankbarkeit für meine wiedererlangte Gesundheit, und dass ich
mit meinem geliebten Mann Roland gemeinsam diese Pilgerreise

127

machen konnte, nachdem er mich unermüdlich durch die Behandlung meiner Krebserkrankung begleitet und mir immer wieder hilfreich zur Seite gestanden hatte. Und ich dachte wieder an den Arzt, der mir so viel Mut gemacht hatte und jetzt selbst schwer krank dalag. Auch für ihn ging ich diesen Weg. Denn sein Schicksal berührte mich sehr. Ohne ihn hätte ich alles nicht so gut durchgestanden. Und was konnte ich jetzt als Gegenleistung tun? Nichts, außer dass ich unter anderem auch ihm diesen Weg widmete, was ich sehr gerne tat.

Wir erreichten den Ort Portomarin, nachdem wir einen extrem steilen Abhang nach unten stiegen. Wir waren dankbar für unsere Stöcke, denn ohne diese wäre der steile Abstieg für die Knie äußerst beschwerlich geworden. Ein Pilger versuchte, rückwärts nach unten zu kommen, und nachdem das nicht richtig funktionierte, suchte er am Straßenrand nach langen Ästen. Aber es gab nichts passendes, und so musste er sich mit seinen Knieproblemen doch freihändig nach unten quälen. Es hätte mich sehr interessiert, wie viel Prozent die Steigung betrug, sicherlich mehr wie 28%, denn die hatten wir ja bereits erlebt, und das war noch nicht so krass wie dieser Berg.

Vor dem Ort erwartete uns ein riesiger Stausee. In diesem See lag die alte Stadt Portomarin verborgen. Die Kirche und ein paar wichtige Gebäude hatte man Stein für Stein abgetragen und weiter oben wieder aufgebaut. Aber alle anderen Häuser wurden sehr zum Ärgernis der Bewohner geflutet. Und so war der Ort hier recht neu. Die romanische Kirche „San Nicolás" stand prunkvoll an einem großen Platz. Wenn man genau nach oben schaute, sah man einen Lautsprecher, aus dem das Geläut von Glocken zu vernehmen war, denn es gab keinen Kirchturm mehr, in dem man hätte Glocken aufhängen können.

Die Kirche ohne Kirchturm in Portomarin

Wir bezogen ein nicht billiges Zimmer über einem italienischen Restaurant, nachdem wir in der eigentlich angesteuerten Pension nur noch eines mit Gemeinschaftsbad, das über einen langen Flur zu erreichen war, bekommen hätten. Nun saßen wir hier vor der Kirche ohne Kirchturm – vielleicht wurde er beim Abtragen vergessen? Hier gab es erst um 20.30 Uhr eine Pilgermesse. Susanne und Detlev sahen wir bis jetzt noch nicht. Wer weiß, wo sie steckten? Detlev war es gestern nicht gut gegangen, vielleicht mussten die beiden noch pausieren.

Der Ort hier lebte wohl in erster Linie von den Pilgern, Einheimischen begegneten wir nur wenigen. Und übrigens: An diesem Tag hatten wir ideales Wanderwetter. Nicht zu heiß und angenehm frisch windig. Roland vermisste seit Anbeginn des Weges den guten, von Deutschland gewohnten Kuchen. Seit zwei Tagen gab es zumindest immer mal wieder einen annehmbaren, wenn auch lange nicht so schmackhaften, wie wir es von zu Hause her gewohnt waren. Nordspanien war eine Fleisch- und Fisch-Gegend, also nichts für Vegetarier und Kuchenliebhaber. Jeden Tag aßen wir in erster Linie Salat, um auf unseren Vitaminbedarf zu kommen. Auch Obst bekamen wir bisher schlecht – was mich sehr wunderte, da wir uns in einem südlichen Land befanden. „Zumo pinia", Ananas-Saft, war für uns inzwischen zum täglichen Getränk geworden. Vor kurzem hatten wir „Aquarius" versucht, ein Getränk, das angeblich Elektrolyte enthielt. Schmecken tat es jedenfalls gut … Summa summarum wäre es in Nordspanien besser, kein Vegetarier zu sein.

Tagebucheintragungen in Portomarin

Wir saßen gerade in einem Straßenlokal, als Daniela, die wir am Vormittag kennengelernt hatten, auf uns zu kam. Eine junge Frau aus der Nähe von Nürnberg, die gerade ihre Ausbildung als Erzieherin beendet hatte. Vor ihrer ersten Anstellung ging sie nun einen Teil des Caminos. Von ihr erfuhren wir, dass es bei Spaniern gerne gesehen wurde, wenn sie in ihrem Lebenslauf vermerken konnten, die Compostela, die Pilgerurkunde, zu besitzen. So bekämen sie angeblich besser eine Arbeitsstelle. Nun wurde uns klar, warum auf den letzten 100 km so viele junge Spanierinnen und Spanier unterwegs waren. Dann kamen Susanne und Detlev auf uns zu. Wir freuten uns, dass die beiden also auch wieder gesund und munter angekommen waren. Sie setzten sich zu uns, und so gab es eine nette Unterhaltung zu fünft. Dann wurde es trotz Sonne recht kühl, so dass man im Freien tatsächlich eine Jacke benötigte.

25. August 2013 Sonntag: Portomarin – Palas de Rei

Am nächsten Morgen starteten wir um 6.45 Uhr. Ein großer Pilgerstrom wälzte sich vor und hinter uns den Weg entlang. Nach dem Ort ging es steil nach oben. Die Strecke war nicht mehr so schön wie die Tage vorher. Wir sahen den Sonnenaufgang, der sich durch eine tiefliegende Wolkenwand verzögerte. Der Weg ging weiterhin hauptsächlich bergauf, mal steiler, mal weniger steil.

Bei der ersten Bar trafen wir auf Daniela, sie ging aber kurz darauf weiter. Wir holten uns einen der beiden notwendigen Stempel. Ab jetzt hatten wir wieder die Landstraße an unserer Seite, doch die wunderschöne Aussicht versöhnte mich damit. Auf den letzten 100 km gab es viele Bars, insofern hatten wir kein Problem, uns den zweiten Stempel zu besorgen, da wir eigentlich nur bis nach Lestedo gehen wollten, um in der Casa Rural El Rectoral, die als sehr außergewöhnlich angepriesen wurde, zu übernachten und es dort sicherlich keinen Stempel geben würde, weil diese Casa mitten in der Landschaft lag, ohne dazugehörigen Ort.

Eine Bar auf dem Weg war gleichzeitig Pilgerherberge. Wir sahen, wie die Rollköfferchen der „Edelpilger" verladen wurden. Und – was nahmen unsere verwunderten Augen wahr? Die Pilger stiegen mit in den Bus!! Obwohl alle Pilger die letzten 100 km zu gehen haben. Im Verlauf des Tages sahen wir einige Taxis an uns vorbeifahren. Es wurde halt doch viel gepfuscht. Wir unkten erneut darüber, wie die Pilger sich im Taxi hinten auf den Rücksitz legten, um nicht gesehen zu werden. Einige Taxis hatten verdunkelte Scheiben im hinteren Bereich. Wenn man einige von diesen „Edelpilgern" sah, wunderte man sich nicht, dass sie sich schwer taten mit Laufen. Schlechtes Schuhwerk und schlechte Kleidung zeichnete einige von ihnen aus.

Eine etwas beleibte Dame trug Leggins mit Goldnieten an der Seite und ein kurzes Kleidchen mit tiefem Ausschnitt, das Einblick in die schön tätowierte Oberweite gewährte.

Später holten wir Daniela wieder ein und liefen mit ihr gemeinsam nach Palas de Rei. Denn die Unterkunft in Lestedo erschien uns zu pompös und steril. Außerdem sahen wir keinen Menschen weit und breit. Also ließen wir uns schnell zum Weitergehen überreden, was mir meine Füße – vor allem mein linker – sehr übel nahmen. Palas de Rei war der hässlichste Ort, den ich auf dem gesamten Weg gesehen hatte. Nur ein paar Straßendörfer auf der Meseta konnten an Hässlichkeit mithalten. Unsere Unterkunft war sauber, aber es fehlte jegliche Behaglichkeit. Für eine Nacht musste es gehen. Ich schaute zum Fenster hinaus und sah Susanne und Detlev. Sie hörten mein Rufen, und wir gingen gemeinsam Essen. Daniela betrat mit zwei Hamburgerinnen ebenfalls dieses Lokal. Es wurde ein lang ausgedehntes Essen, so dass wir es gerade noch rechtzeitig zur Pilgermesse schafften. Leider bekamen wir auch hier keinen gesonderten Pilgersegen, obwohl wir uns schon so nahe an Santiago befanden.

26. August 2013 Montag: Palas de Rei – Melide

Trotz des Verkehrslärms auf der Hauptstraße schliefen wir gut. Nach dem Frühstück in der gegenüberliegenden Herberge ging es bergab aus dem Ort heraus. Dieses Mal erwartete uns wieder wie so oft eine herrliche Natur. Am Ortsausgang war am Himmel ein ergreifendes Schauspiel zu sehen: Wie Flammen erstreckten sich die ersten Sonnenstrahlen, die auf eine Wolkenwand trafen, über dem östlichen Himmel. In diesem Augenblick, als ich Roland darauf aufmerksam machte, tönte es neben uns: „Hoffentlich bedeutet das kein schlechtes Wetter!" Es war ein Paar aus Neustadt an der Weinstraße, aus unserer „alten Heimat", da wir beide früher in Mannheim gelebt hatten. Wir gingen eine Zeitlang gemeinsam und erfuhren, dass die beiden mit dem Wohnmobil unterwegs waren, jeden Tag damit den Endpunkt ansteuerten und sich mit dem Taxi zum Ausgangspunkt zurückfahren ließen. Er war pensionierter Lehrer und genoss jetzt seine freie Zeit. Bei der ersten Stempelstelle stellten sich die beiden in die Warteschlange. Wir gingen weiter. Es war entspannend, wieder alleine zu sein. Am Vortag waren wir ja schon so lange mit Daniela gegangen. Kontakt war immer wieder schön, aber das Alleinsein ebenfalls. Wir pilgerten auf sehr angenehmen Wegen durch wunderschöne grüne Wälder.

Nach ungefähr 10 km erreichten wir ein Lokal, dessen Inhaber gut Deutsch sprach. Das kam nun immer öfter vor. Wir saßen dort und aßen einen schmackhaften Boccadillo. In diesem Augenblick pilgerten Susanne und Detlev vorbei, gingen aber gleich weiter, weil sie an diesem Tag insgesamt 30 km hinter sich bringen wollten. Wir gaben uns mit der Hälfte zufrieden bis nach Melide.

Bis kurz vor dem Ort blieb der Weg angenehm. Dann mussten wir über eine breite Schotterstraße in den Ort hineingehen. Unterwegs begegnete uns eine Gruppe aus dem Münsterland, vorwiegend ältere Frauen. Sie waren mit dem Bus auf Pilgerreise und sollten heute ebenfalls 30 km bewältigen. Wir unterhielten uns mit einer dieser Frauen. Sie erzählte uns, dass sie alle Lehrerinnen gewesen waren und sich bereits in Pension befanden. Da sie sich gut verstanden, begaben sie sich gemeinsam auf den Weg. Eine von ihnen hatte zwei Jahre zuvor Brustkrebs gehabt und tat sich bei Aufstiegen noch recht schwer. Auch wenn das bei mir gottlob nicht der Fall war, konnte ich das gut nachvollziehen und fühlte mich gleich mit dieser Frau verbunden.

Am Ortsanfang von Melide, in einer Pizzeria, saßen Susanne und Detlev beim Mittagessen. So sahen wir die beiden noch einmal, bevor sie anschließend an uns vorbeizogen. Wir verabredeten uns noch, uns am Pferdebrunnen in Santiago zu treffen.

Dann begaben wir uns auf die Suche nach einer Unterkunft. Vor dem Ort bekamen wir ein Faltblatt über eine neue Herberge namens

„Pereiro". Da sie gut aussah, wollten wir sie natürlich finden. Ein älterer Herr versuchte auf Spanisch, uns den Weg zu beschreiben. Nachdem er merkte, dass wir ihn nicht verstehen konnten, begleitete er uns kurzerhand bis zur Herberge. Wir stellten immer wieder fest, dass die Spanier sehr hilfsbereit gegenüber den Pilgern waren. Häufig wurde man mit „Buen Camino" begrüßt.

Die Herberge war erst seit Mai 2013 in Betrieb. Zweibettzimmer gab es offiziell nicht, wir bekamen aber das Schwerbehindertenzimmer direkt neben dem Eingang. So befanden wir uns abseits von den anderen, die alle im ersten Stock untergebracht waren. Wir hatten ein Badezimmer für uns alleine, das so luxuriös wie in einem guten Sterne-Hotel war. Nachmittags ging es mir wieder nicht gut, mein Bauch rebellierte. So war ich froh, dass die Herberge eine Küche hatte und wir endlich mal wieder selbst kochen konnten, was umso schmackhafter wurde, da es hier im Ort wunderbare Obst- und Gemüseläden gab!

Das Wetter, das tagsüber noch nicht wusste, in welche Richtung es sich entwickeln sollte – gut oder schlecht – hatte sich für's „Schönsein" entschieden, aber es wehte ein kühler Wind. Der richtige Tag, um wieder mal große Wäsche zu machen. Es gab eine Waschmaschine und einen Trockenständer in der prallen Sonne. Und nachdem wir unter den ersten in der Herberge waren, hatten wir freien Zugang zu allem.

Der Ort war sehr schön und gepflegt, ganz anders als am Tag zuvor. Ich kaufte mir ein zusätzliches Halstuch, denn der Wind wehte gerade morgens recht kühl, da brauchte ich etwas auf dem Kopf. Jetzt saßen wir in der Abendsonne, genossen ein Getränk und warteten auf die Pilgermesse in der romanischen Kapelle „Igrexia de San Pedro" – und schon stimmte die Welt wieder! Die Gottesdienste wurden mir während des Weges immer wichtiger, auch wenn ich nichts verstand. Es war eine Zeit der inneren Einkehr, die ich sehr brauchte. Schön war es, wenn der Pilgersegen gesprochen wurde, aber auch ohne diesen wollte ich auf diese Stunde nicht verzichten. Jetzt wartete ich gespannt darauf, wie die Nacht würde, da unser Zimmer direkt neben der Hauptstraße lag. Ich hoffte gut, denn ich hörte, dass der Weg am nächsten Morgen wieder häufig bergauf gehen würde. Darauf freute mich gar nicht!

Noch ein Nachtrag: Heute kam uns eine junge Spanierin entgegen, die wir in Granon kennenlernten und später auch noch einmal wiedergesehen hatten. Sie befand sich bereits auf dem Rückweg nach Astorga zu ihrer Verwandtschaft. Es war eine schöne Begegnung. Mit offenen Armen liefen wir aufeinander zu.

Und für uns lief nun der Countdown: Noch drei Etappen bis nach Santiago!

27. August 2013 Dienstag: Melide – Arzúa

Die Nacht war mäßig, in der Herberge gab es bis ca. 23.00 Uhr Unruhe, und die Straße war gut befahren. Wir waren beide etwas gerädert. Aber es erwartete uns eine sehr schöne Tour. Wir befanden uns teilweise ganz alleine inmitten der Natur, die sich hier sehr abwechslungsreich durch schöne farnreiche Mischwälder mit kleinen Bachläufen gestaltete. Anfangs ging es viel bergauf, später jedoch auch wieder bergab, zum Teil sehr steil. Meine Kondition schien sich verbessert zu haben. Die erste Pause machten wir in der Bar „Der Deutsche", wo wir unseren Stempel bekamen. Der Inhaber, der tatsächlich gut Deutsch sprach, bestätigte uns, dass das Pilgeraufkommen an diesem Tag weitaus geringer war als am Vortag. Die Spanier mussten bald in Santiago ankommen, weil die Ferien bei ihnen Ende August vorbei waren.

Trittsteine über einen kleinen Fluss vor Arzúa

Unterwegs kamen wir kurz mit einem Paar ins Gespräch, das in Kanada lebte, obwohl beide gebürtige Inder waren. Alle uns bekannten Pilger und Pilgerinnen waren nun weit voraus, und wir befanden uns wieder alleine auf dem schönen Weg und genossenen dieses Alleinsein sehr mit all den schönen Augenblicken, die sich uns auf dem Weg boten.

In Arzúa angekommen, bekamen wir leider in der Pension, in die wir wollten, kein Zimmer. Es standen wieder die Rollköfferchen der „Edelpilger" im Flur! Richtig ärgerlich! Wir fanden Unterkunft in der Herberge „Da Fonte" und bekamen sogar ein Zweibettzimmer. Es war sehr dunkel, aber zum Glück recht sauber. Nur die vielen lästigen Fliegen summten herum und vergällten uns den Mittagsschlaf. Und so konnte ich wieder mal nicht einschlafen – aber auch aus anderen Gründen. Die inneren Spannungen ließen mich nicht zur Ruhe kommen, aber auch die Cerebrale Dystonie, die ich im

Halsmuskelbereich habe, machte mir sehr zu schaffen. Auch mein linker Fuß meldete sich schmerzhaft zu Wort und der Husten wurde wieder schlimmer. Das alles trug zu meiner nicht so guten Stimmung bei. Roland erklärte sich bereit, mich zu massieren – und so ging es etwas besser.

Es kamen so viele Erinnerungen an früher hoch. Und all das belastete mich sehr, so dass wieder die Tränen flossen. Und eigentlich wusste ich gar nicht, warum. Ich merkte, dass ich durch das tägliche Gehen an Gewicht verlor. Wer weiß, was so alles im Körperfett „eingespeichert" war und jetzt durch meinen gesamten Organismus wanderte. Ich hatte mal gehört, dass es für Körper und Seele nicht einfach sei, wenn altes Fett abgebaut wird. Roland und ich mussten zeitweise sehr viel Wasser lassen, was nachts recht störend war. Trotzdem war es sehr wichtig, genügend Wasser zu trinken. Nach wie vor tranken wir mit Leidenschaft „Zumo pinia", Ananas-Saft.

Am Tag zuvor lernten wir zwei junge Hamburgerinnen kennen, die auch schon wieder weit voraus waren. Ich war sehr gespannt, ob wir am übernächsten Tag in Santiago überhaupt noch bekannte Gesichter sehen würden. Zwei Tage?! Kaum zu glauben, dass unsere Pilgerreise bald zu Ende sein sollte. In der Mittagsruhe versuchte ich, den Weg, die Zeit Revue passieren zu lassen. Was mir sofort wieder einfiel, war die Situation in Granon, als ich mittags im Glockenturm auf meiner Matratze lag, Jimmy und Roland neben mir schliefen und von unten das „Laudate Dominum" aus einer Mozart-Messe ertönte. Das war unwahrscheinlich entspannend und schön gewesen. Damals war auch die Pilgermesse eine wirkliche Pilgermesse. Jetzt gab es zwar abends meistens eine Messe, aber die wurde nicht auf die Pilger ausgerichtet. Nur am Schluss verstand ich noch beim Segen das Wort „Peregrino", was hieß, dass die Pilger im Segen mit bedacht wurden. Das hatte früher so gut getan, als wir Pilger nach vorne gerufen wurden. Dadurch sahen wir Pilger uns gegenseitig und wussten, wer mit uns auf dem Weg war.

Am nächsten Tag wollten wir wieder früher losgehen. Zwei Etappen noch. Einerseits freute ich mich, andererseits war ich traurig. So lange hatte ich auf den Weg hingefiebert – und jetzt war er fast vorbei. Roland und mich schweißte der Weg noch enger zusammen.

28. August 2013 Mittwoch: Arzùa – Vilamaior

An diesem Morgen gelüstete es mich nach einem Kinderstreich. Ich wollte um 6.00 Uhr früh gegenüber Sturm läuten, weil die dort wohnenden Menschen in der Nacht zuvor um 23.00 Uhr ein lautstarkes Gespräch direkt vor unserem Fenster geführt hatten. Obwohl ich durch das Fenster „Silencio por favore" (Ruhe bitte) rief, was diese Menschen eher belustigte, redeten sie ungerührt weiter. Es dauerte noch eine ganze Weile, bis Ruhe einkehrte. Ich wollte diesen Menschen nun den Morgenschlaf vergällen. Aber leider befanden sich keine Klingeln an der Türe – und so musste ich zu meinem großen Bedauern auf die „Heimzahlung" verzichten.

Doch trotz des schlechten Schlafes ging es recht gut mit dem Laufen. Morgens brauchten auch wir die Taschenlampe. – Ihr „Lichtgeher", verzeiht mir meine unflätigen Äußerungen euch gegenüber! Die hatten nur mit mir selbst und meinen schwierigen Gefühlen zu tun. – Der Mond schien zwar recht hell, aber wir gingen auf Schotterwegen durch einen Wald, und das war ohne Licht nicht ungefährlich. Im langsamen Aufgehen der Sonne durften wir erleben, dass uns erneut eine schöne Landschaft erwartete. Es waren kaum Pilger unterwegs, nur ganz vereinzelt trafen wir welche. Die erste Bar, die sich uns bot, war so heruntergekommen, dass wir uns nur unseren „Pflichtstempel" abholten und wieder gingen. Kurz danach erreichten wir zwar eine schöne Bar, aber nun hatten wir bereits unsere mitgebrachten Bananen gegessen und gingen lieber weiter. Heute mussten wir zum Glück wenig an der Landstraße entlang gehen. Doch es gab wieder ein Auf und Ab, wenn auch nicht ganz so schlimm, wie die letzten Tage.

Plötzlich hörten wir Böllerschüsse wie schon hinter Portomarin. Und wieder konnten wir uns vage vorstellen, wie sich die Flüchtlinge im zweiten Weltkrieg – zu denen auch unsere Großeltern sowie Rolands Mutter und mein Vater zählten – gefühlt haben mussten. Ihr ganzes Hab und Gut in wenigen Taschen. Alles andere mussten sie zurücklassen. Sie wussten nicht, wo sie landen würden, sie wussten nur, dass sie in Richtung Westen zu laufen hatten. Und ihre Angst, wenn die Artillerieeinschläge näher kamen! Es musste fürchterlich gewesen sein!

Heute wollten wir eigentlich nur bis A Rua gehen. Doch vor Ort entschieden wir uns anders. In A Rua gab es wider Erwarten eine Art Reisebüro und wir konnten für Vilamaior ein Zimmer vorbestellen, ebenso für Santiago. Insofern wagten wir es, die insgesamt 30 km zu gehen. Mein Fuß war beleidigt, er wurde wieder richtig dick. Aber am nächsten Tag würde er zufrieden sein, denn wir hatten von Vilamaior aus nur noch etwa 9 km zu laufen, und das vorwiegend bergab.

Es ist fast geschafft!

Der Weg führte nun von der schönen Natur in unsere technisierte Welt. Wir kamen am Flughafen vorbei. Leider sahen wir keinen Flugzeugstart direkt über uns, zwei Flieger starteten dafür zu früh und zwei zu spät. Und schon begrüßte uns wieder die reine Natur. Aber der Weg zog sich sehr lange mit einem heftigen Anstieg bis zu unserer Unterkunft hin. Bei unserer Ankunft in der Unterkunft „Casa de Amancio" in Vilamaior waren wir beide erschöpft, schafften es aber nicht, zu schlafen.

Nun sollte also unser Pilgerweg am nächsten Morgen zu Ende sein. Wir ließen die Etappen gemeinsam noch einmal vor unserem geistigen Auge Revue passieren. Sehr viele Erlebnisse und mindestens genauso viele Eindrücke hatten sich bei uns und in uns festgesetzt. Es war eine äußerst intensive Zeit, viel Schönes, viel Schweres hatten wir durchgemacht. Wir lernten die Gegend gut kennen, besser als jeder Tourist, der mit dem Auto sein Ziel ansteuerte. Wir sahen die Armut auf dem Land und den Reichtum in den Städten. Wir erlebten Einsamkeit und Tumult. Ich hatte meine Unsicherheiten zu spüren bekommen und gemerkt, was ich körperlich zu leisten im Stande war. Es war keine leichte, aber eine sehr lehrreiche Erfahrung, diesen Weg zu pilgern.

Am Abend saßen wir mit einem Ehepaar aus Schwabach bei Nürnberg zusammen, die hier Urlaub machten. Die beiden hatten doch tatsächlich in Schwabach unser Pilgerehepaar aus Schwandorf kennengelernt, als die beiden dort zu Beginn ihrer Pilgerreise auf einen Bus warteten. Und nun hatten sie sich mittags mit den beiden sogar nochmal in Santiago getroffen, bevor deren Flugzeug in Richtung Heimat startete. So klang der Abend mit netten Gesprächen schön aus. Wir hofften auf eine gute Nacht, um am nächsten Morgen unsere letzte Etappe nach Santiago anzutreten …

29. August 2013 Donnerstag: Endlich Santiago de Compostela!

Wir starteten um 8.45 Uhr ausgeschlafen nach einem schönen Frühstück, das uns ein mürrischer Ober servierte, auf die letzten Kilometer. Ich war sehr froh, dass wir am Vortag so weit gekommen waren, auch wenn mein linker Fuß mir das nicht verziehen hatte. Anfangs ging es noch bergauf, aber nicht mehr steil. Es war ein recht schöner Weg durch viel Natur bis zu dem großen Ausblick nach Santiago, dem Monte do Gozo. Der Ausblick war enttäuschend, aber anscheinend hatten wir, wie wir später hörten, nicht die richtige Stelle erwischt. Irgendwo gab es wohl nochmal einen Ausblick, von dem aus man die Kathedrale sehen konnte. Von unserer Seite aus sah man nur ein paar neue große Häuser. Auch das Pilgermonument war scheußlich, ein riesen Klotz, der an ehemalige DDR-Monumente erinnerte. Deshalb machten wir uns direkt auf den Weg nach unten. Es dauerte laut Pilgerführer von hier aus noch eine gute Stunde bis zur Kathedrale, und er hatte Recht!

Wir kamen als erstes durch die moderne Stadt mit großen Straßen – und endlich zum Ortsschild! Natürlich machten wir wie alle anderen ein Bild davon. Der Tross der Pilgerinnen und Pilger ging weiter durch die Neustadt. Endlich wurden die Gassen enger und die Häuser älter.

Santiago ist erreicht

Nach einiger Zeit erschien verheißungsvoll das Nordportal der lang ersehnten Kathedrale. Noch kurz bergab durch ein großes Tor – und nun standen wir tatsächlich vor dem großen Ziel unserer Pilgerreise.

Beeindruckend! Ein riesiger Platz mit dem doppelten Aufgang zum Hauptportal dieser schönen Kirche. Bei mir liefen nun einfach die Tränen. Ich hielt sie auch nicht zurück. Ich hatte es geschafft! Ungefähr 600 Kilometer waren wir zu Fuß gegangen! Und fast auf den Tag genau ein Jahr nach dem Behandlungsende meiner schweren Erkrankung erreichten wir unser lang ersehntes Ziel! Es war ein überaus erhebender Augenblick. Ich dankte Gott, dass er mich so unversehrt hatte ankommen lassen.

Wir sind angekommen

Mit unserem ganzen Gepäck gingen wir in die Kathedrale und sofort hinter den Altar, um die goldene Büste des Heiligen Jakobus zu begrüßen. Anschließend merkten wir, dass sich die Kirche bereits füllte, obwohl es erst 11.20 Uhr war und die Messe um 12.00 Uhr beginnen sollte. Wir bekamen jetzt noch einen guten Platz in den vorderen Reihen und blieben dort sitzen. Hinter uns nahmen zwei Frauen Platz, die uns auf dem Weg schon mehrmals begegnet waren.

Um 11.45 Uhr gingen die Lichter im Altarraum an. Einige Durchsagen auf Spanisch wiesen auf die nahende Messe hin.

Im Verlauf des Gottesdienstes hörten wir den wunderbaren Gesang eines Sängers, der hierfür engagiert wurde, da die Nonne, die sonst das Singen übernahm, auf Exerzitien war. Zur Kommunion ertönte durch ihn das Lied „Näher mein Gott zu Dir" mit seiner sanften und ausdrucksvollen Stimme. Wieder liefen meine Tränen. Alle, die es kennen, eine schwere Krankheit durchgemacht zu haben, werden nachvollziehen können, wie außergewöhnlich ich mich fühlte. Ich konnte es mit Worten nicht beschreiben. Wie oft kamen wir, auch bei Dunkelheit, durch völlig verlassene Gegenden. Wenn da etwas passiert wäre, hätten wir mangels Sprachkenntnissen in Spanisch nicht mal Hilfe holen können. Wir waren beschützt und durften ankommen. Es war einfach wunderbar!

Nach der Messe suchten wir den deutschen Pilgertreff des Bistums Rottenburg auf. Wir fanden es schön, dass das Bistum dieses Treffen anbot. So ergab sich die Möglichkeit, andere deutsche Pilger und Pilgerinnen kennenzulernen und sich mit ihnen auszutauschen. Es wurden auch spirituelle Führungen rund um die Kirche angeboten sowie jeden Morgen um 8.00 Uhr eine deutsche Pilgermesse in einer kleinen Nebenkapelle der Kathedrale. Nach dem Treffen kümmerten wir uns um unsere vorbestellte Unterkunft und anschließend um ein verspätetes Mittagessen. Die Pension „Campagna" befand sich ganz nahe an der Kathedrale und war wirklich schön. Jetzt durften wir den Gang zum Pilgerbüro antreten, um uns unsere Pilgerurkunde, die Compostela ausstellen zu lassen. Wir trafen auf eine lange Schlange von Pilgerinnen und Pilgern. Alle, die wieder herauskamen, jubelten, präsentierten stolz ihre „Compostela" und ließen sich von den anderen beglückwünschen und umarmen. Auch für uns war es erhebend, endlich dieses Papier in unseren Händen zu halten. Der eigene Name wurde per Hand und auf Latein eingetragen.

Gerade noch rechtzeitig erreichten wir den Pferdebrunnen, um unser Treffen mit Susanne und Detlev um 17.00 Uhr einzuhalten. Wir waren inzwischen sehr müde, gingen aber trotzdem mit den Beiden noch etwas Essen. Um 20.30 Uhr legten wir uns in unsere Betten und schliefen bald darauf ein. Wir mussten ja nicht mehr packen wie sonst. Ein komisches Gefühl. Es fehlte etwas. Die Nacht wurde sehr unruhig, da in unserer Nähe eine öffentliche Veranstaltung stattfand, die bis 3.00 Uhr morgens andauerte. Aber wir durften ja ausschlafen!

30. August 2013 Freitag bis 1.9.2013 Sonntag: Santiago

Wir blieben lange im Bett, bis ca. 8.30 Uhr, und unterhielten uns beim Frühstück über das Erlebte. Unsere Herzen waren voll von den Geschehnissen. Deshalb dehnten wir das Frühstück bis um 10.45 Uhr aus. Unsere gesamte Wäsche hatte es nötig, richtig gewaschen zu werden. Daher brachten wir alles, bis auf das, was wir auf dem Leib trugen, in eine Pilgerwäscherei und gingen anschließend direkt wieder in die Kirche. Diesmal bekamen wir keinen Platz in den vorderen Reihen. Der Sänger war wieder da und sang wunderschön. Nun wurden auch wir in der Kirche genannt: „zwei Münchner Pilger ab Pamplona". Wir waren sehr stolz! Anschließend machten wir einen Stadtbummel und eine Stadtrundfahrt mit einem kleinen Touristenbähnchen.

Am Abend wollten wir die geistliche Führung des Priesters vom Bistum Rottenburg mitmachen. Aber da hörten wir, dass der Botafumeiro, das mannsgroße, etwa 100 kg schwere Weihrauchfass, in der Kathedrale in Bewegung gesetzt werden sollte. Es war noch eine dreiviertel Stunde Zeit bis dahin, doch die Kirche war bereits voll. Da der Kessel quer zum Altar geschwungen wurde, setzten wir uns vor die erste Bankreihe des Querschiffes auf den Boden. Zum Glück hatte ich einen Schal dabei, so dass wir nicht ganz auf dem kalten Stein sitzen mussten. Es beeindruckte uns sehr, dieses heilige Schauspiel zu erleben. Acht Männer waren notwendig, um dieses schwere

Ungetüm in Bewegung zu setzen. Wir wurden dringend angewiesen, keinesfalls aufzustehen und merkten auch gleich, warum. Anfangs schwang der Kessel so knapp über unsere Köpfe, dass sich die Kinder, die vor uns saßen, erschreckt zu Boden warfen. So ging also dieser große Wunsch von mir auch noch in Erfüllung. Und wir würden dieses beeindruckende Geschehen in den nächsten Tagen noch dreimal erleben, da genügend Menschen bereit waren, viel Geld dafür hinzulegen. Denn nur dann – und an besonderen Festtagen – wird der Kessel in Bewegung gesetzt.

Nach dem Gottesdienst saßen wir in einem kleinen Straßenlokal, das nach einiger Zeit schließen wollte. Um uns herum räumten die Bediensteten schon die Stühle und Tische weg. Hoffentlich würden uns die Stühle nicht unter unserem Hintern weggezogen. Roland frotzelte schon, dass gleich der Platz geflutet und wir mit weggespült würden. Wir ließen es lieber nicht darauf ankommen. Und so zahlten wir und gingen zurück in unser gemütliches Zimmer in der Hoffnung, dass die Nacht diesmal ruhiger würde.

Doch die Nacht war wieder laut, so dass wir das Fenster geschlossen halten mussten. Wir konnten deshalb nicht so gut schlafen. Um 4.00 Uhr früh versuchte ich, das Fenster zu öffnen, aber selbst um diese Uhrzeit war noch Lärm draußen, und so schloss ich es wieder. Aber wir waren nun wach. Mir gingen viele Gedanken durch den Kopf, die ich mit Roland teilen wollte. Die hier in Spanien hoch verehrte Gottesmutter Maria hatte es mir angetan. Es ist mir tief ans Herz gegangen, was sie durchgemacht haben muss. Darüber hatte ich mir bis jetzt nie Gedanken gemacht. Ihr Kind, ihr eigen Fleisch und Blut so gequält zu sehen, musste grausam gewesen sein. Es ist für eine Mutter sicherlich das Schlimmste, ihr Kind auf diese Art und Weise zu verlieren. Das infame Gefühl, dass Jesus vielleicht gar nicht tot war, als er vom Kreuz genommen wurde, bescherte mir beinahe Trost.

Und dann ging es los mit meinen Gedanken: Leid tragen zu müssen, ist in jeder Form schwer. Man kann Leid nicht gegeneinander aufwiegen und sagen, ein Leid sei schwerer oder leichter als das andere. Jedes Leid muss für sich getragen und erlitten sein. Man wird niemandem gerecht, wenn man Leid wertet oder bewertet. Leid ist nicht nur das, was passiert, das Tragen müssen ist es in erster Linie. Jemandem Leid zuzufügen, ist wohl das schlimmste, was man tun kann. Aber warum passiert das immer wieder? Welches eigene innere Leid muss damit zugedeckt werden? Mit dem Eigenen gehen wir zu gerne in die Passivität, geben die Verantwortung ab, statt Verantwortung dafür zu übernehmen. Wenn wir unser eigenes Leid annehmen können und bereit sind, es zu tragen, brauchen wir keine „Umlenkung" mehr. Wir können andere achten, wenn wir uns selbst in unserem Leid Achtung schenken. Ich bekam das Gefühl, dass wir in unserem Leben die Aufgabe haben, unser persönliches Leid mit allen Facetten zu akzeptieren und anzunehmen. Das ist nicht leicht. Aber irgendetwas muss wohl dran sein an dem, dass Christen früher um das Leid sogar gebetet haben, um daran zu wachsen.

Und was bedeutet es zu leben? Wofür leben wir? Können wir uns vor etwas schützen? Wie oft begegnet man Menschen, die „genau wissen", warum jemand krank geworden ist. Ist das nicht nur die eigene Angst, selbst zu erkranken? Denn wenn man die „Fehler" des krank gewordenen vermeidet, bleibt man wohl gesund. Das ist sicherlich ein großer Irrtum. Und für den Kranken ist das ein zu nahe treten und eine üble Verletzung. Wir haben den Menschen, die Leid oder Krankheit zu tragen haben, mit größter Achtsamkeit und Zuwendung zu begegnen. Und dürfen froh und glücklich sein, wenn wir unbelastet bleiben dürfen. Und: Die Kraft des positiven Denkens beruht darauf, das eigene Schicksal mit der Zeit annehmen zu können – mit allen Tränen und aller Verzweiflung, die damit vielleicht verbunden sind – und damit den Lebensweg weiterzugehen. Wenn man sich solche Gedanken tief ins eigene Herz bringt, spürte man, dass da etwas passiert. Roland und ich tauschten uns intensiv darüber aus.

Wir waren nun so wach, dass wir schon kurz nach 6.00 Uhr aufstanden und bereits um 7.00 Uhr in die Kirche gingen. Um 8.00 Uhr begann die deutsche Messe. Es kamen nur fünf Menschen. Roland und ich durften gemeinsam unsere beiden Lieder „Jesus Christ, bread of life" und „We shall overcome" singen. Es klang sehr schön in dieser herrlichen Kirche. Und ich bekam die Erlaubnis, für den Arzt, der mir so geholfen hatte, eine Fürbitte zu sprechen.

Beim anschließenden Frühstück waren wir beide wieder so müde, dass wir uns nochmal hinlegten. – Kein Wunder, nach dieser Nacht. Aber zur Mittagsmesse standen wir wieder auf, nahmen daran teil und gingen anschließend zum Mittagessen. Ein fauler Tag heute, nach dem Einkaufen legten wir uns wieder hin. Und dann kam mir richtig hoch, was mit meinem Sohn Richard gerade passierte. Er hatte sich vielleicht mit TBC angesteckt, da seine Bürokollegin daran erkrankt war. Sein Blut wies Antikörper auf. Nun musste die Lunge geröntgt werden, damit festgestellt werden konnte, ob er tatsächlich erkrankt war oder ob sich sein Immunsystem erfolgreich damit auseinandergesetzt hatte. Aber Medikamente würde er auf jeden Fall nehmen müssen. Roland und ich telefonierten mit ihm. Wieder war ich am Boden. Was war nur mit mir los? Warum spürte ich keine Änderung durch den Weg? Ich stellte immer wieder viel in Frage. Roland blieb zum Glück recht gelassen.

Die glückliche Pilgerin

Wir gingen nach dem Aufstehen zum „geistlichen Rundgang" um die Kathedrale. Das Dreierteam vom Bistum Rottenburg, Lydia, Conny und Stefan gestalteten das sehr schön und innig. Mit einer Sache war ich allerdings nicht einig. Stefan, der Priester, erklärte das Jakobuskreuz und zeigte auf, dass der Knauf eine Lilie ist, die für die Liebe steht. Das Schwert jedoch steht für Kampf. Er meinte, das stelle den Kampf gegen das Böse in uns selbst dar. Ich dachte, da das Schwert mit der Spitze nach unten zeigte, bedeutete es Frieden, der Friede mit uns selbst, mit allen Facetten in uns, die wir durch das Annehmen von uns selbst respektieren können, und der Friede mit der Welt. Das dockte wieder an meine Gedanken vom Morgen an. Denn Frieden zu finden, könnte uns helfen, loszulassen, uns anzuvertrauen, unser Schicksal anzunehmen. Anschließend zeigte uns Stefan das Südportal mit der Erschaffung unserer Urmutter Eva. Gott schaute dabei Eva liebevoll an. Er hatte die linke Hand in ihrem Nacken und die rechte Hand auf ihrer linken Brust. Es sah aus, wie wenn Gott Eva zu sich heranziehen und küssen wollte. Gott hatte seine Hände bei Eva genau an meinen Schwachstellen, dem Nacken und der linken Brust. Und ich stellte mir wieder die Frage: „Wie kann ich vertrauen lernen?" „Kann mir eine derartig wunderschöne Darstellung dazu verhelfen?" Die Senior-Chefin unseres Lieblingshotels „der daberer" hatte mir doch geschrieben: „Man kann nie tiefer fallen als in Gottes Hand". Das klang alles so berührend und beruhigend. Wann würde es mich erreichen? Meine Seele?

Der alte Pilgereingang mit dem Heiligen Jakobus

Nun waren wir schon den vierten Tag hier. Die Nacht verlief recht ruhig, aber wir standen zu spät auf, um noch in die deutsche Morgenmesse gehen zu können. Aber wir hatten es geschafft, so pünktlich zur 12.00 Uhr Pilgermesse zu kommen, dass wir einen Platz in der ersten Reihe des Seitenschiffes bekamen. Dieser Platz war der beste, um das „Schwingen des Botafumeiros" erleben zu können. Es war wirklich eindrucksvoll, die acht Männer zu erleben, die sich bis zum Boden bückten, um dieses schwere Gefäß bis zur wahnsinnig hohen Decke zu schwingen. Diesmal machte ich viele Fotos, mal sehen, ob was Brauchbares dabei sein würde.

Danach gingen wir erneut zum Pilgertreff. Es kam eine junge Familie mit schulpflichtigen Kindern an, die inzwischen fast ein Jahr unterwegs waren. Auf meine Frage, wie sich das mit der Schulpflicht vereinbaren ließe, bekam ich die knappe Antwort, dass der Jakobsweg die Schule sei. Später erfuhren wir, dass die Familie aus Deutschland nach Frankreich ausgewandert war. In Frankreich besteht keine Meldepflicht, so dass die Familie sozusagen im „Niemandsland" zuhause war. Die Eltern waren mit dem deutschen Schulsystem nicht einverstanden und wollten den Kinder „zuliebe" nach Belgien auswandern, wo es keine Schulpflicht gibt. Dort hatten sie vor, Selbstversorger zu werden und ihre Kinder zu Hause zu unterrichten. Ob sie allerdings ihren Kindern damit einen Gefallen tun werden, ist die große Preisfrage. Ich meine nicht. Der Älteste, eine Junge von ca. 15 Jahren, hatte erklärt, er brauche nicht so viele Freunde, er habe ja seine Familie.

2. September 2013 Montag: Santiago – Cee

Nach einem etwas verunglückten Frühstück – die junge Dame vom Service war etwas verplant, und so mussten wir zur „Selbsthilfe" greifen und uns alles selber nehmen – ließen wir uns ein Taxi kommen und fuhren zur Bushaltestelle, um nach Cee zu fahren, das ist eine Station vor Fisterre, dem „Ende der Welt". Die Busfahrt verlief recht schön, sie ging lange am Meer entlang.

Cee selber enttäuschte uns. Ein kunterbunter Ort, ohne gewachsenen Ortskern. Insofern war es schwierig, sich zurecht zu finden. Das Hotelzimmer war ganz in Ordnung, aber nicht gemütlich. Und im Restaurant gab es ein Aquarium, in dem die Meerestiere lebendig gehalten wurden, um sie zum Verzehr so frisch wie möglich zubereiten zu können. Die Hummer hatten ihre Scheren mit Klebeband zusammengebunden bekommen. Und so schwammen die armen Tiere als lebendige Nahrung herum und warteten darauf, wann sie „bestellt" würden. Ich konnte damit schlecht umgehen; ich meine, dass ich Tiere gut nonverbal verstehen kann. Und der Hummer war seinem Blick nach sehr traurig.

Gegen Abend, als die Temperatur erträglich wurde, besuchten wir den Strand und wateten mit den Füßen im Meer herum. Als wir in der kleinen Bar noch etwa tranken, bot sich uns ein kurioses Bild. An zwei nebeneinander stehenden Tischen saßen zum einen zwei Männer, die schon etwas angetrunken waren. Am anderen befanden sich eine Frau und ein Mann. Dazwischen schlief auf einem Stuhl eine Küchenhilfe, und das, obwohl die Männer von dem einen Tisch mit der Frau des anderen Tisches ein heftiges Streitgespräch führten. Die Küchenhilfe ließ sich davon nicht aus der Ruhe bringen und wachte erst auf, als ihr Chef sie zur Arbeit rief.

Wir legten uns früh ins Bett, und ich las Roland aus dem Reisetagebuch vor. Die Erinnerungen kamen wieder hoch. Durch das tägliche neue Erleben war vieles schon so weit weg, obwohl wir erst gute fünf Wochen unterwegs waren.

3. September 2013 Dienstag: Cee – Finisterre / Fisterre

In alter Gewohnheit standen wir früh auf. Unsere definitiv letzte Pilgertour stand an diesem Tag bevor. Kurz nach dem Losgehen trafen wir auf Ulla aus Frankfurt. Sie war Studentin für das Grundschullehramt in Heidelberg. Gemeinsam wanderten wir weiter. In Estorde machten wir in einer landschaftlich herrlichen Bucht in einem ebenso schönen Gartenlokal „Playa de Estorde" Pause und unterhielten uns recht angeregt. Ulla wollte an diesem Abend am Strand schlafen. Es gibt wohl in Fisterre eine „Hippiegruppe", die sich auf der westlichen Seite der Landzunge angesiedelt hat.

Der Weg nach Fisterre zog sich lange hin, bis wir endlich das Stadtzentrum erreichten. Nachdem wir zwei Unterkünfte inspiziert hatten, entschlossen wir uns dazu, in der Herberge „Cabo da Vila" ein Doppelzimmer zu buchen. Dort wurde Deutsch gesprochen. Und die

Inhaberin buk jeden Tag frisches dunkles Brot für die deutschen Pilger und Pilgerinnen. Nach der Mittagspause suchten wir ein Lokal für das Mittagessen. Fisterre ist sehr teuer. Aber wir fanden zufällig das Pilgerlokal „La Frontera", das eine Menge an vegetarischen Speisen zu bieten hatte und insgesamt sehr preisgünstig war. Während wir auf das Essen warteten, kam Doris aus Amberg, die wir in Samos kennengelernt hatten, auf uns zu und setzte sich zu uns. Sie fuhr an diesem Tage wieder nach Santiago zurück und wartete gerade auf ihren Bus. In Santiago wollte sie noch zwei Tage bleiben, und so würden wir sie sicherlich noch einmal sehen. Susanne und Detlev, die ebenfalls nach Finisterre gehen wollten, blieben verschwunden.

Am Ende der Welt, am Cabo Fisterre

Am späten Nachmittag machten wir uns auf den Weg zum Cap Finisterre, um dort den Sonnenuntergang am Meer zu erleben. Es sind bis dorthin ca. zwei bis drei Kilometer bergan zu laufen. Der Weg war unspektakulär, er führte an der Teerstraße entlang. Nur ein Pilgerdenkmal erinnerte an die Jakobuspilger und -pilgerinnen. Die Straße war leider sehr verkehrsreich, obwohl sie am Cap endete. Es gab viele Touristen dort oben. Es war immer noch recht warm, als wir losgingen. Trotzdem hatten wir warme Jacken dabei, da uns gesagt wurde, dass es gegen Abend kühl werden würde. Der Cap war durch seine Lage sehr beeindruckend. Ringsherum Meer, soweit das

Auge reichte. Und die Höhe, von der aus man auf das Meer blickte, machte das Ganze noch intensiver. Wir warteten auf den Sonnenuntergang.

Auf den Klippen am Cabo Fisterre

Die meisten Touristen fuhren ab, als die Sonne zu sinken begann. Hauptsächlich Pilger blieben und setzten sich an der Westseite auf die Klippen. Wir taten das auch und hatten einen guten Platz ganz hoch oben. Es gab einige Wolken im Westen. Das Wetter sollte sich ändern. So sahen wir die Sonne nicht direkt, sondern erst einmal nur das gelbe Licht hinter den Wolken, das sich langsam rot verfärbte.

Kurz bevor die Sonne im Meer versank, war sie unterhalb der Wolken zur Hälfte als roter Ball sichtbar. Ein erhebender Augenblick! Viele Möwen flogen über uns, beinahe wie im Film von Hitchcock „Die Vögel". Ein paar Fischerboote schipperten auf dem Meer herum, von unserer Warte aus als winzig kleine Streichholzschachteln sichtbar. Eine schöne innere Ruhe erfasste mich. Ich wollte am liebsten meine nicht vorhandenen Flügel ausbreiten und der untergehenden Sonne entgegen fliegen. Es war ein Gefühl, in die Unendlichkeit abzudriften. Mit allem und allen vereint und ein Teil des großen Ganzen zu sein. Von diesem Augenblick an fühlte ich mich anders, gelassener und friedvoller. Ein unbeschreibliches Glücksgefühl durchströmte mich. Es wurde immer dunkler. Wir sangen unser Lied „We shall overcome", bewusst mit der Strophe „black and white together" in diese Unendlichkeit hinein, fünfzig Jahre, nachdem Martin Luther King seinen Traum von einer Gleichberechtigung zwischen „Schwarz und Weiß" träumte. Schade, dass er die Wende nicht mehr erleben durfte. Ein tiefgreifender und erlebnisreicher Abend ging zu Ende. Bei Dunkelheit wanderten wir die knapp drei Kilometer bergab zurück nach Fisterre. Müde fielen wir in unsere Betten, erfüllt von dem Erlebten, das bei mir zur Wende geführt hatte.

Sonnenuntergang am Cabo Fisterre

4. September 2013 Mittwoch: Fisterre – Santiago

Der Wecker weckte uns um sieben Uhr. Ich musste noch spritzen, dann standen wir auf. Das Frühstück in der Herberge „Cabo da Vila" war liebevoll vorbereitet. Jeder bekam einen Teller mit zwei frisch-gebackenen Brotscheiben, eine Scheibe Schwarzbrot und eine Schei-be süßes Milchbrot, zwei Kleckse Marmelade und Butter. Endlich mal ohne aufwendige Verpackung. Dazu wurde Kaffee oder Tee nach Belieben gereicht. Und das alles war im Preis inbegriffen. Beim Frühstück unterhielten wir uns mit Thomas aus Oberhausen und einer Holländerin über unsere gegenseitigen Erfahrungen auf dem Weg.

Zum Abschied besuchten wir noch einmal das Meer. Dort lagen unendlich viele angeschwemmte Muscheln. Wenige Menschen wa-ren da, ins Wasser zum Schwimmen ging allerdings niemand. Es war einfach zu kalt. Wir ließen beim Strandspaziergang den gestrigen ereignisreichen Abend Revue passieren. Es war ein eindrückliches und bleibendes Erlebnis.

Nach einem zweiten Frühstück in der Bar Frontera mussten wir in die Herberge zurück, um unsere Sachen zu packen. Doch kurz bevor wir aufbrachen, kam ein Italiener in das Lokal, den wir das letzte Mal mit Jimmy auf dem Weg nach San Juan de Ortega gesehen hatten. Er war in Begleitung eines Franzosen, den wir etwas später, aber auch schon vor langer Zeit immer wieder einmal gesehen hatten. Es gab eine herzliche Begrüßung und die Frage nach Jimmy, da er mit ihm länger gemeinsam unterwegs war. Das war unter anderem auf dem Weg das Schönste, die Verbindung untereinander zu spüren, auch wenn man nicht die gleiche Sprache sprach und meistens nicht einmal den Namen des anderen wusste. Aber man hatte einen gemeinsamen Weg beschritten und ein gemeinsames Ziel erreicht.

In der Herberge verabschiedeten wir uns von der Hospitalera, als wenn wir alte Freunde wären. Das war der Camino: Man fühlte sich schnell in Herzlichkeit verbunden. Der Weg vereint, er ist etwas Besonderes, kein normaler Wanderweg.

Die Busfahrt zurück nach Santiago verlief problemlos, ohne Störungen. Manfred aus Bad Kissingen, den wir beim Pilgertreff kennengelernt hatten, fuhr mit uns zurück. Wir sahen einen Waldbrand und hofften, dass er bald gelöscht werden würde, da wir an die vielen Tiere im Wald dachten.

Zurück in Santiago bezogen wir ein neues Quartier in der ältesten Herberge gegenüber der Kathedrale, im „Seminario Mayor". Es ist ein ehrwürdiges Gebäude, im Eingangsbereich dezent, aber sehr edel eingerichtet. Die Zimmer waren wie Klosterkammern, hatten aber – vielleicht gerade deswegen – eine gute Atmosphäre. Wir wohnten im vierten Stock über den Dächern von Santiago mit direktem Blick auf die Kirche des Heiligen Franziskus. Am Abend in der Messe durften wir noch einmal den Botafumeiro erleben. Dazu wurde die Orgel sehr intensiv und laut gespielt, das ging mir in angenehmer Weise durch Mark und Bein.

5. September 2013 Donnerstag: Letzter Tag in Santiago

Ein so reichhaltiges Frühstück hatten wir auf dem gesamten Weg noch nicht erlebt, das uns an diesem Morgen erwartete. Zuvor besuchten wir noch einmal die Pilgermesse, die Stefan für die Deutschen abhielt. Eine sehr schmächtige junge Frau, die wir erstmals in Carrion de los Condes erlebt hatten, kam kurz bei der Austeilung der Hostien dazu und verschwand sofort wieder. Wir bekamen nie Kontakt zu ihr. Sie wirkte, als ob sie ein sehr schweres Los zu tragen hätte. Schade, dass sie sich nicht öffnen und die Mitmenschlichkeit auf dem Weg für sich nutzen konnte. Sie war immer alleine, wie ein Geist, der plötzlich auftauchte und wieder verschwand. Als sie einmal mit uns gemeinsam in einer Pilgermesse saß, wollte sie beim Friedensgruß niemandem die Hand geben. Was plagte sie so sehr?

Gemeinsam mit Manfred und einer Dame aus Detmold frühstückten wir. Manfred war uns sehr sympathisch, doch wir mussten Abschied nehmen, sein Bus fuhr ab. Wir ließen unsere Wäsche noch einmal in der Pilgerwäscherei reinigen und gingen sofort zu unserer letzten Pilgermesse. Denn wieder durften wir erleben, wie das Weihrauchgefäß in Bewegung gesetzt wurde. Wir bekamen zu unserem Abschiedsgottesdienst einen Platz in der ersten Reihe des Hauptschiffes.

Anschließend besuchten wir ein letztes Mal den deutschen Pilgertreff. Diesmal waren viele Pilger und Pilgerinnen anwesend, da eine „Edelpilgergruppe" aus Rottenburg eingetroffen war, alle mit einem gleich bedruckten grünen T-Shirt. Es war eine sehr nette Runde und ich durfte „Edelpilger" treffen, die sehr sympathisch waren. Nach dem Treffen kamen die großen Koffer dieser Pilger an. Auf meine Frage, ob sie das alles gebraucht hatten, was in diesen riesigen

Gepäckstücken drin war, kam die Bestätigung, dass sie viel zu viel eingepackt hatten und es das nächste Mal auch mit einem Rucksack versuchen würden.

Burkhard war in der Runde anwesend und erzählte von seiner Frau Andrea, die als Rheumatikerin mit ihm gemeinsam den Weg gegangen war. Sie hatte es sich vorher nicht zugetraut. Doch da ihr Mann von diesem Weg sehr angetan war, wollte sie es unbedingt versuchen. Anfangs schaffte sie ungefähr zwei bis drei Kilometer am Tag, aber sie konnte sich immer mehr steigern, so dass sie am Ende tatsächlich in der Lage war, bis zu zwanzig Kilometer am Stück zu gehen. Andrea war sehr glücklich darüber. Um die beiden besser kennenzulernen, aßen wir gemeinsam zu Mittag. Und nun gerieten wir beinahe in „Stress", denn Urs aus der Nähe von Frankfurt wollte sich ebenfalls mit uns treffen. Er hatte Fragen bezüglich meiner vergangenen Erkrankung. Urs war Trainer für Verhandlungsführung, ein erfolgreicher Mann, der – wie er selbst sagte – alles hatte. Und trotzdem war er auf der Suche, was ihn sehr sympathisch machte. Jetzt wollte er beim Zurückkommen sofort einen Krebstest bei sich durchführen lassen, zu dem er bisher nicht den Mut gehabt hatte. Es ergab sich gemeinsam mit Burkhart, Andrea und Urs ein intensives Gespräch über Gott und die Welt, den Sinn und Unsinn des Lebens und über die Erfahrungen, die man machen konnte. Sehr spät gingen wir ins Bett.

6. September 2013 Freitag: Abschied von Santiago de Compostela

Nun war es soweit. Es hieß Abschied nehmen. Noch einmal ein Frühstück mit Andrea und Burkhart. Auch Doris aus Amberg setzte sich dazu. Um kurz nach neun Uhr besuchten wir ein letztes Mal die Kathedrale und sangen lauthals im Hauptschiff zwei Strophen unseres Liedes. Bevor der Ordnungsdienst uns erreichte, waren wir fertig und gingen hinaus. Am Bahnhof hatten wir noch lange Zeit. Die Fahrt nach Hendaye in Frankreich dauerte fast elf Stunden. Trotzdem wurde es uns überhaupt nicht langweilig. Anscheinend hatten wir durch den Weg die Langsamkeit wieder entdeckt und konnten die Zeit mit uns alleine gut annehmen. Kurz vor San Sebastian fing es an zu regnen. Es regnete immer noch in Strömen, als wir in Hendaye ausstiegen. Zum Glück kam auf unseren suchenden Blick hin ein Taxifahrer auf uns zu und geleitete uns mit Schirm zu seinem Auto. Wir nahmen diesen Dienst dankbar an und ließen uns von ihm zu unserer Unterkunft bringen. Wir gingen gleich ins Bett. Die Zeit in Spanien war vorbei.

Adjeu Camino, wir kommen wieder, wenn wir können. Der Weg hatte nun auch uns gefangen und wird uns nicht mehr loslassen. Die neuen „Jakobsjünger"? Viele gibt es, die immer und immer wieder zumindest Teile des Weges gehen. Nun auch wir?

Nachklang

Am Freitag, dem 13. September 2013, erlebte ich bei guter Gesundheit meinen 60. Geburtstag. Ich hatte zu diesem Anlass einige Freundinnen und Freunde eingeladen, was ich schon lange nicht mehr gemacht hatte. Es war ein schöner Tag.

Im Oktober war wieder der Nachsorgetermin in der Radiologie fällig. Der Arzt zögerte etwas und meinte, ich solle „in die Röhre" (Magnetresonanztomographie) gehen, da es im Operationsbereich nach einem Narbenrezidiv aussähe. Es folgte für mich eine Woche totaler innerer Unruhe. Wir mussten eine offene Röhre finden, da ich wegen Platzangst nicht in eine geschlossene kann. Und zum Glück kam die Entwarnung. Ein unendlich großes Gefühl von Dankbarkeit überkam mich.

Seitdem geht es mir wirklich gut. Ich bin unendlich dankbar, dass ich die beiden Wege so gut durchstehen durfte.

Danksagung

Vielen Menschen möchte ich danken, die mir durch Gedanken, Gebete und mit ihrer Anteilnahme auf meinem Weg geholfen haben.

Besonderer Dank gilt meinem Ehemann Roland, der bei beiden Wegen unverrückbar an meiner Seite war. Seine Liebe und sein Respekt haben mir unendlich viel geholfen.

Meinen Kindern, vor allem meiner Tochter und meinem Schwiegersohn, bin ich von Herzen dankbar für die liebevolle und umsichtige Zuwendung, die ich durch sie erfahren durfte.

Danken möchte ich allen Ärztinnen und Ärzten sowie Pflegekräften in der Klinik des Dritten Ordens wie auch in der Strahlenpraxis (Franz-Schrank-Straße) und im Radiologischen Zentrum Pasing. Ausnahmslos alle habe ich zu jeder Zeit als sehr kompetent, zugewandt und Mut machend erlebt.

Meiner Ärztin, Frau Dr. Böning, meinen Ärzten, Herrn Dr. Stötzer und Herrn Dr. Mestekemper sowie meinem Arzt und Freund Dieter Hölle gilt großer Dank für die gute Betreuung, die bis heute andauert.

Dank gilt auch meinem spirituellen Lehrer, Pater Willigis Jäger, der mir durch die Gespräche mit ihm immer wieder neuen Lebensmut gab.

Last but not least gilt mein großer Dank meiner liebevollen und gewissenhaften Lektorin, die viel Freizeit für das Lesen meines Buches geopfert hat.

Die Autorin

Die Autorin Gudrun Brandstetter, geboren 1953, verheiratet, zwei erwachsene Kinder, studierte am Carl-Orff-Institut, Mozarteum in Salzburg „Elementare Musik- und Bewegungserziehung". Sie absolvierte eine Ausbildung bei der Systemischen Gesellschaft (SG) zur Systemischen Therapeutin und eine Qigong-Ausbildung. Heute arbeitet sie als Qigong-Lehrerin und Qigong-Ausbilderin der Deutschen Qigong Gesellschaft (DQGG) in München.

Pilgerurkunde

CAPITULUM hujus Almae Apostolicae et Metropolitanae Ecclesiae Compostellanae sigilli Altaris Beati Jacobi Apostoli custos, ut omnibus Fidelibus et Peregrinis ex toto terrarum Orbe, devotionis affectu vel voti causa, ad limina Apostoli Nostri Hispaniarum Patroni ac Tutelaris **SANCTI JACOBI** convenientibus, authenticas visitationis litteras expediat, omnibus et singulis praesentes inspecturis, notum facit: *Dnam Gudrunam Brandstetter* hoc sacratissimum Templum pietatis causa devote visitasse. In quorum fidem praesentes litteras, sigillo ejusdem Sanctae Ecclesiae munitas, ei confero.

Datum Compostellae die *29* mensis *Auguste* anno Dni *2013*.

166

Bildnachweis

Alle Bilder innerhalb dieses Buches und auf dem Cover stammen von:

• Gudrun und Roland Brandstetter

• OpenStreetMap und Mitwirkende, CC BY-SA

Lesetipps

Lust auf mehr Reiseabenteuer? Hier finden Sie weiteren spannenden Lesestoff aus unserem GRIN & Travel Programm:

Mein Jahr Neuseeland

von Carolin Werner

Jetzt kaufen auf grin.com.

Carolin Werner hat sich einen persönlichen Traum erfüllt und war ein Jahr als Backpacker in Neuseeland unterwegs. In diesem Buch erzählt sie ihre Geschichte und berichtet von neuen Freunden, harter Arbeit, einem verheerenden Erdbeben, geworfenen Gummistiefeln und Herr-der-Ringe-Touren auf beiden Inseln Neuseelands. Dazu liefert die Autorin jede Menge praktische Tipps, die auch gleich mit aktiven Links ins Internet versehen und somit direkt aus dem E-Book heraus aufrufbar sind. So können Sie Ihre Reise mit stets aktuellen Informationen z. B. zu Öffnungszeiten und Eintrittspreisen perfekt vorbereiten. ISBN: 978-3-656-31580-3

Einmal quer durch Kanada

von Alexander & Cindy Fischer

Jetzt kaufen auf <u>grin.com</u>.

Berge, Seen, Wasserfälle und wilde Bären in Nationalparks einerseits und Großstadtflair in Vancouver, Toronto, Montreal und Ottawa andererseits - so malten sich Alexander und Cindy Fischer ihren 4-wöchigen Mietwagen- und Wanderurlaub in Kanada aus. In diesem Buch schildern sie ihre ganz persönlichen Eindrücke von den großen Nationalparks Jasper, Yoho, Mount Revelstoke und Banff und erzählen von ihrer Suche nach wilden Tieren, von schwierigen Wanderwegen, tosenden Wasserfällen und den fantastischen Berglandschaften, die Kanadas Natur so einzigartig machen. Auch in den Städten entdeckten die Autoren Ungewöhnliches und Interessantes: Eine dampfende Uhr in Vancouver, ein komplett überdachtes Straßensystem in Calgary, ein mittelalterlich anmutendes Schloss in Quebec, den rot-gold-leuchtenden Indian Summer in Ottawa und einen riesigen Turm in Toronto. Und natürlich darf auch ein Abstecher zu den berühmten Niagara-Fällen und ins nahe gelegene New York in den USA nicht fehlen. Sie erfahren in diesem Buch, was Sie bei einem Kanada-Besuch auf keinen Fall versäumen dürfen, aber auch, worauf Sie getrost verzichten sollten. Dazu liefern die Autoren jede Menge praktische Tipps, die auch gleich mit aktiven Links ins Internet versehen und somit direkt aus dem E-Book heraus aufrufbar sind. So können Sie Ihre Reise mit stets aktuellen Informationen z. B. zu Öffnungszeiten und Eintrittspreisen perfekt vorbereiten. ISBN: 978-3-656-36292-0

Südostasien – Der Weltreise dritter Teil

von Fabian Pitzer

Jetzt kaufen auf grin.com.

Der Foto-Blogger Fabian Pitzer und seine Kamera waren auf Welt-reise. Sein drittes großes Ziel war Südostasien. In diesem Buch schildert er seine ganz persönlichen Eindrücke aus Thailand, Laos, China, Taiwan, Vietnam, Kambodscha und Myanmar und zeigt mit seinen kraftvollen Bildern bekannte und unbekannte Orte dieser Länder. Dabei stehen weniger die üblichen Sehenswürdigkeiten im Vordergrund, sondern vielmehr unberührte Stätten jenseits der klas-sischen Touristenpfade. Mit ausdrucksstarken Porträts zeigt Fabian Pitzer ganz authentisch die Menschen, ihre Kultur und ihre Art zu leben – und bezieht an der ein oder anderen Stelle sehr deutlich Posi-tion, wie es ihm als Mitteleuropäer in Südostasien erging. Pitzers weitere Reiseziele waren Arabien und Indien, die er in eigenen Bän-den bei GRIN & Travel beschrieben hat. ISBN: 978-3-656-31579-7